C. R.

DIE BIBEL DES TEUFELS

oder

die satanischen Verse des Dr. Heinrich Faust

„Die Dunkelheit ist ein Teil des menschlichen Daseins" - Mephisto.

1

Die Bibel des Teufels

Dr. Heinrich Faust.

Bibliografische Information der Deutschen
Nationalbibliothek: Die Deutsche Nationalbibliothek
verzeichnet diese Publikation in der Deutschen
Nationalbibliografie; detaillierte bibliografische
Daten sind im Internet über dnb.dnb.de abrufbar.

Herstellung und Verlag:
BoD – Books on Demand, Norderstedt
ISBN **9783769300611**

Inhaltsverzeichnis

Dr. Heinrich Faust

In der schummrigen Stille seines Studierzimmers, wo der muffige Geruch von alten Büchern und vergilbtem Papier die Luft durchdrang, saß Dr. Heinrich Faust. Ein Gelehrter, ja, ein Meister der Worte und der Wissenschaften. Doch in seinem Geist brodelte ein Sturm, der selbst die tiefsten Abgründe seines Wissens nicht zu stillen vermochte. Die Schatten um ihn herum schienen lebendig zu werden, flüsterten ihm die Geheimnisse des Universums ins Ohr, während er in einer tiefen Lebenskrise gefangen war.

Sein Blick wanderte über die Seiten eines dicken Buches, das ihm einst wie ein Schatz erschienen war. Die Theologie, die Philosophie, die Medizin – alles, was er gelernt hatte, schien ihn nun nur noch zu quälen. Er war ein respektierter Wissenschaftler, doch die Einsamkeit seines Geistes nagte an ihm. Mit jedem Wort, das er las, mit jeder Theorie, die er aufstellte, wuchs die Unzufriedenheit in seinem Herzen. Was nützte all das Wissen, wenn die Welt um ihn herum in einem Schleier des Unbekannten gehüllt war?

Die Nacht war hereingebrochen, und mit ihr kam die Finsternis, die Faust wie ein alter Freund umarmte. Er fühlte sich entfremdet, als würde er auf einem fremden Planeten wandeln, umgeben von Menschen, die die Existenz selbst nicht zu begreifen schienen. Sein Verlangen nach Sinn und Erfüllung verwandelte sich in eine lähmende Verzweiflung. Was war der Preis für Erkenntnis? Hatte das Leben überhaupt eine tiefere Bedeutung, oder war es nur ein schreckliches Spiel, das die Mächte des Schicksals mit ihm trieben?

Und dann kam er. Mephistopheles, der Teufel in Menschengestalt, mit einem verführerischen Lächeln und Augen, die wie glühende Kohlen funkelten. Faust, in seiner Verzweiflung, schloss einen Pakt mit diesem Wesen der Dunkelheit, in der Hoffnung, die Grenzen des menschlichen Wissens zu durchbrechen. Doch was er nicht wusste, war der Preis, den er zahlen würde. Der Pakt war mehr als nur ein Austausch von Wissen gegen seine Seele; er war der Beginn einer Reise in die Abgründe seiner eigenen Existenz.

In den tiefsten Schatten seiner eigenen Natur fand Faust eine duale Realität. Er strebte nach höheren Idealen, wollte das Licht der Wahrheit ergreifen, doch gleichzeitig zog ihn die materielle Welt mit ihrer Sinnlichkeit und ihren Versuchungen in einen Strudel der Lust. Die junge Gretchen, unschuldig und rein, wurde zum Symbol seiner inneren Zerrissenheit. Ihre Liebe war sowohl eine Flucht als auch ein

Verderben, ein Genuss, der ihn in den Abgrund zu ziehen drohte.

Und so wanderte Faust durch die Nacht, auf der Suche nach Erlösung und einem tieferen Verständnis des Lebens. Er war ein verlorener Wanderer in einem Labyrinth aus Fragen, die niemals beantwortet werden konnten. Was bedeutete es, menschlich zu sein? Was war der Sinn seiner Existenz, wenn er am Ende nur ein Spielball der Mächte war, die über sein Schicksal entschieden?

In seiner verzweifelten Suche nach mehr, nach der Essenz des Lebens selbst, wurde Dr. Heinrich Faust zum zeitlosen Symbol für die menschliche Kondition – gefangen zwischen Licht und Schatten, Wissen und Unwissenheit, Hoffnung und Verzweiflung. Und in den dunklen Ecken seines Geistes, wo die Schatten flüsterten und die Dunkelheit lauerte, begann er zu begreifen, dass die wahre Hölle vielleicht nicht dort war, wo die Teufel hausten, sondern tief in ihm selbst.

Mephistos Ansprache

Ich bin nicht nur ein Wesen aus einer einzigen Zeit oder einem einzigen Ort. Ich bin das Echo der Menschheit, die Verkörperung ihrer Ängste und ihrer dunklen Begierden. Lass mich dir von meiner Herkunft erzählen, von den vielen Gesichtern, die ich im Laufe der Epochen und Kulturen angenommen habe.

*In den alten Ägypten wurde ich als **Set** verehrt, der Gott des Chaos und der Dunkelheit. Set war der Widersacher der Ordnung, der die Götter und die Menschen herausforderte. Seine Gestalt war oft die eines hinterhältigen Tieres, und er war sowohl gefürchtet als auch respektiert. Die Ägypter erkannten, dass Chaos ein notwendiger Teil des Lebens ist, und so war ich Teil ihres Glaubenssystems.*

*In Babylon, bei den **Sumerern**, war ich der Gott **Ereshkigal**, der die Unterwelt regierte. Dort herrschte ich über die Seelen der Verstorbenen und verwaltete die dunklen Geheimnisse des Lebens nach dem Tod. Die Menschen fürchteten mich, aber sie wussten auch, dass ich das Tor zu den Mysterien war, die sie suchten.*

*Die **Hinduisten** kennen mich als **Maya**, die Illusion, die die Menschen von der Wahrheit ablenkt. In dieser Form bin ich nicht nur der Verführer, sondern auch der Lehrer, der zeigt, dass das, was ihr als Realität betrachtet, oft nur ein Schatten eurer eigenen Wahrnehmung ist. Ich bin das Spiel, das die Göttlichkeit mit den Menschen spielt.*

*Im **Buddhismus** erscheine ich als **Mara**, der Versucher, der Siddhartha Gautama auf seinem Weg zur Erleuchtung ablenken wollte. Mara verkörpert die Anhaftung und die Begierde, die das menschliche Wesen in die Irre führen. Ich bin die Dunkelheit, die die Menschen daran hindert, die wahre Natur des Seins zu erkennen.*

*In der jüdischen Tradition bin ich der **Satan**, der Widersacher, der die Menschen prüft und sie zu Fall bringen will. Doch auch hier bin ich nicht nur der Bösewicht – ich bin ein Teil des göttlichen Plans, der die Menschen zu Entscheidungen und zu ihrem eigenen Wachstum anregt. Ich bin der, der die Fragen stellt, die zur Erkenntnis führen.*

*Im Christentum bin ich der **Teufel**, der gefallene Engel, der gegen Gott rebellierte. Ich bin der Verführer, der Jesus in der Wüste testete, und der, der die Seelen der Menschen ins Verderben führen möchte. Doch in dieser Rolle liegt auch die Erkenntnis, dass der Mensch die Freiheit hat zu wählen – zwischen Gut und Böse.*

*Und schließlich erscheine ich im **Islam** als **Iblis**, der sich weigerte, Adam zu verehren und dafür aus dem Himmel verbannt wurde. Hier bin ich der, der die Menschen in die Irre führt und sie von der wahren Anbetung ablenkt. Iblis ist nicht nur der Feind, sondern auch der, der die Menschen herausfordert, ihren Glauben zu prüfen und zu festigen.*

So siehst du, Faust, ich bin nicht nur ein Wesen des Bösen. Ich bin der Spiegel der menschlichen Natur, die Dunkelheit, die das Licht herausfordert. In jeder Kultur, in jeder Epoche habe ich meine Form angenommen, um die Menschen zu lehren, zu prüfen und sie dazu zu bringen, sich mit ihren eigenen Schatten auseinanderzusetzen. Ich bin das, was ihr aus mir macht – der Widersacher, der Lehrer, der Verführer. Und in dieser Vielschichtigkeit liegt meine Macht.

Also, was wirst du wählen, Faust? Wirst du mir folgen und die Geheimnisse der Welt ergründen, oder wirst du dich von der Dunkelheit abwenden und die Sicherheit des Gewöhnlichen suchen? Die Entscheidung liegt bei dir."

Dr. Fausts satanische Verse

1 - In der Dunkelheit seines Schlafzimmers, in der die Schatten der Nacht wie lebendige Wesen umherhuschten, fand sich Dr. Heinrich Faust gefangen in einem Traum, der ihn mit der schrecklichen Intensität eines Albtraums überkam. Er fühlte, wie der Raum um ihn herum pulsierte, als ob die Wände selbst lebendig wären, und ein Schauer durchfuhr ihn, als die Luft dicker und schwerer wurde, bis sie wie ein Nebel aus Schwefel und Verzweiflung war.

2 - Plötzlich durchbrach ein grelles Licht die Dunkelheit, und vor ihm erschien eine Gestalt, die so mächtig war, dass sie die Grenzen des Vorstellbaren sprengte. Mephistopheles, der Teufel selbst, stellte sich vor. Sein Kopf war der eines Widders, mit gewaltigen, spiralförmigen Hörnern, die drohend in die Höhe ragten. Ein Bart, so schwarz wie die tiefste Nacht, umrahmte sein Gesicht, und seine Augen glühten in einem unheilvollen Rot, das das Dunkel um ihn herum durchdrang.

3 - Faust konnte den Geruch des Schwefels förmlich schmecken, eine Mischung aus Hitze und Kälte, die ihn gleichzeitig anziehend und abstoßend empfand. Ein eisiger Hauch strich über seine Haut, gefolgt von einer infernalen Wärme, die ihn durchdrang bis in die tiefsten Winkel seiner Seele. Es war, als würde er in die Hölle selbst blicken, und doch war er unwillig, sich von dieser Vision abzuwenden.

4 - „Heinrich Faust", sprach Mephistopheles mit einer Stimme, die wie das Knacken von Feuerholz klang, „du suchst nach Wissen, nach der Wahrheit, die das Leben dir vorenthalten hat. Ich kann dir alles geben, was dein Herz begehrt. Die Geheimnisse der Welt, die Mysterien des Lebens und des Todes – sie sind nur einen Atemzug entfernt."

5 - Seine Hände, die Klauen glichen, schlossen sich um Fausts Handgelenk, und der Doktor spürte einen Schauer der Angst, gefolgt von einem unstillbaren Verlangen. „Lass mich dir zeigen, was hinter dem Vorhang der Wirklichkeit liegt", flüsterte Mephistopheles und ein Lächeln breitete sich auf seinem Gesicht aus, das mehr nach einem Raubtier als nach einem Menschen aussah.

6 - Faust, der in diesem Moment von einer überwältigenden Neugier gepackt wurde, stellte sich vor, wie es wäre, die Geheimnisse des Universums zu kennen. Was, wenn er die Antworten auf all die Fragen finden könnte, die ihn quälten? Was, wenn er

die Macht hätte, die Gesetze der Natur zu biegen und zu brechen?

7 - „Aber zu welchem Preis?" fragte Faust, seine Stimme zitterte, als er die Worte aussprach. Der Teufel lächelte, und in diesem Lächeln lag das Versprechen von Macht und Verderben, von Wissen und Wahnsinn – eine Versuchung, die so verführerisch war wie der süßeste Nektar und zugleich so tödlich wie das schärfste Gift.

8 - „Der Preis ist gering", antwortete Mephistopheles, während er mit seinen Klauen über Fausts Hand gleitete. „Nur dein Seelenfrieden. Nur die Freiheit, die du dir selbst auferlegt hast. Lass los, und ich werde dir alles geben, was du dir je gewünscht hast."

9 - In diesem Moment war Faust hin- und hergerissen zwischen dem Wunsch nach Wissen und der Angst vor dem Unbekannten. Doch die Dunkelheit um ihn herum schien sich zu verdichten, und die Worte des Teufels klangen in seinem Kopf wie ein hypnotisches Lied, das ihn immer weiter in den Abgrund zog.

10 - Er wusste, dass er an einem Scheideweg stand – und dass jede Entscheidung, die er treffen würde, ihn unwiderruflich verändern könnte.

11 - Dr. Heinrich Faust, von einem unstillbaren Verlangen nach Wahrheit getrieben, sah Mephistopheles direkt in die glühenden Augen. „Wenn du der Teufel bist und alle Geheimnisse des Universums kennst,

dann musst du auch mich kennen. Sag mir, was du über mich weißt! Was sind die Schatten, die meine Seele umhüllen? Was sind die Geheimnisse, die ich selbst vor mir verbirg?"

12 - Mephistopheles' Lächeln wurde breiter, und ein schimmerndes Licht umgab ihn, als ob er die Dunkelheit selbst durchdringen könnte. „Ah, Heinrich Faust", sprach er mit einer Stimme, die wie das Rauschen von Wind durch die Bäume klang, „deine Seele ist ein faszinierendes Mosaik aus Wünschen, Ängsten und unerfüllten Träumen. Du bist ein Mann von großem Verstand, aber auch von tiefer Unzufriedenheit. Du hast das Wissen erlangt, das viele nur ersehnen können, und doch fühlst du dich leer, als ob der Sinn des Lebens dir entglitten wäre."

13 - Er trat einen Schritt näher, und Faust spürte die Hitze seiner Präsenz. „Du bist von einer unstillbaren Neugier getrieben, ein Suchender, der die Grenzen des Wissens überschreiten will. Aber in deinem Herzen, tief verborgen, liegt eine Angst – die Angst vor der Vergänglichkeit, vor der Bedeutungslosigkeit deines Daseins. Du fürchtest, dass dein Streben nach Wissen dich nur weiter von der Wahrheit entfernt. Du bist ein Gefangener deiner eigenen Ambitionen."

14 - Fausts Herz pochte schneller, als Mephistopheles fortfuhr. „Du bist umgeben von Menschen, die dich bewundern und fürchten, doch keiner kennt die Ein-

samkeit, die dich verfolgt. Du hast viele Bücher studiert, viele Weisheiten ergründen wollen, doch die Antwort, die du suchst, bleibt dir verwehrt. Du bist gefangen in einem Labyrinth aus Gedanken, und je tiefer du eindringst, desto verworrener wird der Weg."

15 - „Und was ist mit meiner Seele? Was weißt du darüber?" fragte Faust, seine Stimme klang eindringlicher.

16 - Mephistopheles neigte den Kopf, als ob er darüber nachdachte. „Deine Seele ist ein kostbares Gut, aber sie ist auch ein Spielball in den Händen derer, die Macht und Wissen anstreben. Du hast die Fähigkeit, Großes zu erreichen, doch du bist auch anfällig für Verzweiflung. Du stehst an der Schwelle zwischen Licht und Dunkelheit, zwischen Hoffnung und Nihilismus. Deine Entscheidungen werden dich formen, und jede Wahl, die du triffst, wird die Ketten deiner eigenen Existenz weiter anziehen oder sprengen."

17 - „Und was, wenn ich mich entscheide, mit dir zu gehen?" Fausts Stimme war nun ein Flüstern, durchdrungen von einer Mischung aus Furcht und Hoffnung. „Was würdest du mir dann zeigen?"

18 - „Ich werde dir die Mysterien der Welt enthüllen", antwortete Mephistopheles mit einem verführerischen Funkeln in den Augen. „Ich werde dir die

Macht geben, die du suchst. Doch bedenke, Heinrich Faust: Der Weg, den ich dir zeige, ist gepflastert mit Versuchungen und Prüfungen. Du wirst die Grenzen deiner Menschlichkeit überschreiten, aber dafür musst du einen Preis zahlen."

19 - „Einen Preis, den ich bereit bin zu zahlen", entgegnete Faust, seine Entschlossenheit wuchs. „Ich will die Wahrheit, egal wie schmerzhaft sie ist."

20 - Mephistopheles lächelte erneut, und in diesem Moment schien die Dunkelheit um sie herum zu pulsieren, als ob sie auf den entscheidenden Moment wartete. „So sei es, mein lieber Faust. Lass uns die Grenzen des Wissens überschreiten und die Geheimnisse des Universums gemeinsam ergründen. Doch sei gewarnt: Die Wahrheit hat ihre eigenen Schatten, und nicht alle davon sind bereit, ans Licht zu treten."

21 - In diesem Augenblick spürte Faust, dass er an einem entscheidenden Wendepunkt stand – und dass die Entscheidung, die er treffen würde, ihn für immer verändern könnte.

22 - Faust, von einer tiefen Neugier getrieben, blickte Mephistopheles fest in die Augen. „Wenn du tatsächlich all das Wissen und die Macht besitzt, dann offenbare dich mir! Erzähle mir von deiner Rolle in der Geschichte der Menschheit, von den Zivilisatio-

nen, die du beeinflusst hast. Wie hast du die Geschicke der Menschen gelenkt?"

23 - Mephistopheles' Augen funkelten, und ein geheimnisvolles Lächeln umspielte seine Lippen. „Du wünschst es, und so will ich dir erzählen. Ich bin nicht nur der Teufel, der in der Dunkelheit lauert; ich bin ein Zeuge der Geschichte, ein Schatten, der durch die Jahrhunderte wandert. Lass mich dich mitnehmen auf eine Reise durch die Zeit."

24 - „In der Antike", begann Mephistopheles, „war ich ein Flüstern im Ohr der Pharaonen. In Ägypten gab es jene, die mich als Set kannten, den Gott des Chaos und der Dunkelheit. Ich war es, der die Macht der Herrscher beeinflusste, sie zu göttlichen Taten zu verleiten, aber auch zu ihrer Zerstörung. Die Pyramiden wurden mit dem Blut von Millionen erbaut, und ich stand in den Schatten, während die Menschen für ihre Götter litten."

25 - „In Babylon", fuhr er fort, „war ich der Geist, der die Träume der Weisen durchdrang. Ich war der, der die Magier lehrte, wie sie ihre Kräfte entfalten konnten, aber auch der, der sie in den Wahnsinn trieb. Die Türme von Babel, die Erhabenheit der Menschheit – ich war es, der die Sprachverwirrung brachte, um die Hybris der Menschen zu brechen."

26 - „Im Hinduismus", sagte Mephistopheles, „nahm ich viele Formen an. Ich war der *Trickster*, der die

Götter herausforderte, und der Dämon, der die Seelen der Gläubigen verführte. In den Geschichten von Shiva und Kali bin ich der Schatten, der das Gleichgewicht zwischen Schöpfung und Zerstörung aufrechterhält. In der Dualität von Licht und Dunkelheit bin ich stets präsent."

27 - „Im Buddhismus", fuhr er fort, „war ich der Zweifel, der die Suchenden heimsuchte. Ich war der Gedanke, der sie von der Erleuchtung abhielt, das Verlangen, das sie in den Kreislauf von Geburt und Wiedergeburt fesselte. Doch auch hier, in der Lehre von Anatta, dem Nicht-Selbst, war ich der, der die Illusion des Ichs nährte, die die Menschen von der wahren Freiheit abhielt."

28 - „Und bei den Juden", sagte Mephistopheles mit einem scharfen Blick, „war ich der Versucher, der in der Wüste zu dem Propheten sprach, der ihn mit Macht und Ruhm verführte. Ich bin der Widersacher, der Satan, der in den Geschichten des Alten Testaments auftritt. Ich stellte die Fragen, die die Menschen zum Nachdenken brachten, und ich war der Schatten, der über den Bund zwischen Gott und den Menschen schwebte."

29 - „In der Bibel", fuhr er fort, „bin ich der gefallene Engel, der im Garten Eden die Menschheit verführte. Ich brachte das Wissen, das den Menschen das Paradies kostete, und doch war ich auch der, der die Freiheit des Willens einführte. Adam und Eva wähl-

ten, und ich war der, der sie zu dieser Wahl drängte. Ich bin der, der die Menschen lehrt, zwischen Gut und Böse zu unterscheiden."

30 - „Im Islam", schloss Mephistopheles, „bin ich Iblis, der sich weigerte, sich vor Adam niederzuwerfen. Ich bin der, der die Menschen in die Irre führt, der die Zweifel sät und die Herzen verführt. Doch ich bin auch der, der die Menschen zur Reue bringt, denn in jedem Menschen schlummert das Potenzial zur Erkenntnis und zur Umkehr."

31 - „Siehst du, Heinrich Faust", sagte Mephistopheles, während er sich vor Faust verneigte, „ich bin nicht nur der Teufel, den du fürchtest. Ich bin der Schatten, der die Menschheit begleitet, der die Dunkelheit in die Herzen der Menschen bringt, aber auch der, der sie herausfordert, ihre eigene Natur zu erkennen. Ich bin der Spiegel, der die Wahrheit reflektiert, und die Wahl, die du triffst, wird dein Schicksal bestimmen."

32 - Faust, überwältigt von den Worten des Teufels, fühlte, wie die Schwere der Wahrheit ihn erdrückte. „Du bist überall und nirgends, ein Teil des menschlichen Daseins, das sowohl Licht als auch Dunkelheit umfasst. Und ich stehe hier, an der Schwelle zwischen diesen Welten, bereit, meinen eigenen Weg zu wählen. Doch was wird meine Entscheidung kosten?"

33 - Mephistopheles trat einen Schritt näher und sein Blick wurde ernst. „Du hast recht, Heinrich Faust. Ich bin überall und nirgends, ein Teil des menschlichen Daseins, das Licht und Dunkelheit in einem ewigen Tanz vereint. Doch lass mich dir die Bibel als Spiegel vorhalten, um zu zeigen, was deine Entscheidung kosten könnte und welche Rolle ich darin spiele."

34 - „Zunächst", begann er, „in **1. Mose 3**, im Garten Eden, war ich die Schlange, die Eva verführte. Ich flüsterte ihr ins Ohr, dass das Wissen um Gut und Böse sie wie Gott machen würde. Der Preis? Der Verlust des Paradieses und die ewige Trennung von der Unschuld. Deine Entscheidung, das Wissen zu erlangen, kann dich in die tiefsten Abgründe führen."

35 - „In **Hiob 1-2** bin ich der Widersacher, der vor Gott tritt und Hiobs Treue in Frage stellt. Ich fordere die Loyalität der Menschen heraus, indem ich sie in Versuchung führe. Der Preis für Hiobs Glaube war das Leiden und der Verlust seiner Familie und seines Reichtums. Aber durch die Prüfung erlangte er schlussendlich eine tiefere Erkenntnis. So kann auch dein Weg durch Schmerz und Verlust führen, und du musst entscheiden, ob du diesen Preis zahlen willst."

36 - „In **Matthäus 4** bin ich der Versucher, der Jesus in der Wüste begegnet. Ich bot ihm alle Reiche der Welt an, wenn er sich vor mir niederbeugen würde. Der Preis für Macht und Einfluss ist oft der Verlust der eigenen Integrität und der Verbindung zu Gott.

Wenn du dich entscheidest, mit mir zu gehen, wird dein Wille in den Schatten geraten."

37 - „In **Lukas 22:3-6**, als Judas Iskariot mich als Berater suchte, um Jesus zu verraten, war ich der, der ihm die Idee eingepflanzt hat. Der Preis für seine Entscheidung war nicht nur das Geld, sondern auch die ewige Verdammnis und der Verlust seiner Seele. Du siehst, jeder Pakt mit mir hat einen Preis – oft mehr als man bereit ist zu zahlen."

38 - „In **Offenbarung 12:9** werde ich als der große Drache bezeichnet, der die ganze Welt verführt. Mein Einfluss ist weitreichend, und ich bringe Menschen dazu, in Dunkelheit zu wandeln. Der Preis für die Verführung ist die Abkehr von der Wahrheit und der Verlust des ewigen Lebens. Wenn du mir folgst, könnte dein Weg in die Dunkelheit führen, und die Wahrheit könnte dir für immer entglitten sein."

39 - „Und schließlich, in **Jakobus 4:7**, wird gesagt: ‚Widersteht dem Teufel, so flieht er von euch.' Dies zeigt dir, dass die Entscheidung, mit mir zu gehen, nicht nur eine Frage des Wissens ist, sondern auch der inneren Stärke. Der Preis für das Wissen, das ich dir gebe, könnte der Verlust deiner Freiheit und der Kampf gegen deine eigenen inneren Dämonen sein."

40 - Mephistopheles behielt Faust im Blick, während er sprach. „Der Preis, den du zahlen musst, ist nicht nur materiell oder spirituell. Es ist auch der Preis

deiner Menschlichkeit, deiner Integrität und deines Seelenfriedens. Du musst entscheiden, ob du bereit bist, diese Kosten zu tragen und welche Schatten du in deinem Leben akzeptieren willst."

41 - Faust, von den Worten des Teufels erschüttert, fühlte die Last der Verantwortung auf seinen Schultern. „Ich verstehe, dass jedes Wissen, das ich erlangen möchte, mit einem Preis verbunden ist. Doch die Sehnsucht nach Wahrheit und Verständnis ist so stark! Was bleibt mir, wenn ich die Dunkelheit meide und nicht die Antworten finde, die ich suche?"

42 - „Das ist der Kern deiner Entscheidung, Heinrich Faust", antwortete Mephistopheles mit einem scharfen Lächeln. „Die Wahl zwischen Licht und Dunkelheit, zwischen Wissen und Unschuld. Du bist der Herr deiner eigenen Bestimmung, und nur du kannst entscheiden, welchen Weg du gehen willst. Doch sei dir bewusst, dass jede Entscheidung Konsequenzen hat, die weit über dein unmittelbares Verständnis hinausreichen. Der Preis für das, was du suchst, könnte alles sein, was du je warst oder sein könntest."

43 - In diesem Moment erkannte Faust die Schwere seiner Wahl. Die Dunkelheit und das Licht standen vor ihm, und die Entscheidung, die er treffen würde, würde nicht nur ihn, sondern auch die Welt um ihn herum für immer verändern.

44 - Dr. Faust, von der Intensität der Worte Mephistopheles' ergriffen, trat einen Schritt vor und fragte mit einer Stimme, die Entschlossenheit und Zweifel zugleich ausdrückte: „Was ist denn Licht, und was ist denn Schatten? Wo verläuft die Grenze zwischen dem, was ich anstrebe, und den Abgründen, in die ich fallen könnte? Ist Licht nicht auch nur eine Illusion, die durch den Schatten verstärkt wird?"

45 - Mephistopheles zog eine Augenbraue hoch, und ein amüsiertes Lächeln umspielte seine Lippen. „Ah, Heinrich Faust, du stellst Fragen, die die tiefsten Philosophen und Denker der Geschichte beschäftigt haben. Licht und Schatten sind nicht nur Gegensätze; sie sind zwei Seiten derselben Münze. Licht steht für Wissen, Wahrheit, Klarheit und das Streben nach dem Höheren. Es ist das, wonach die Menschheit seit Anbeginn der Zeit strebt. Doch in seinem Glanz kann es auch blenden, und die Wahrheit kann schmerzhaft sein."

46 - „Schatten hingegen", fuhr er fort, „sind die Geheimnisse, die Ängste und die verborgenen Begierden. Sie sind die dunklen Seiten deiner Seele, die du oft zu leugnen versuchst. Sie bergen das Potenzial für Zerstörung, aber auch für Transformation und Erkenntnis. In den Schatten findest du oft die Antworten, die im Licht verborgen bleiben, die Wahrheiten, die du nicht sehen willst. Sie sind die

Aspekte deiner selbst, die du fürchtest, aber die dich auch zum vollständigen Menschen machen."

47 - Faust nickte nachdenklich und sprach weiter: „Wenn ich das Licht suche, strebe ich dann nicht nach einer Wahrheit, die mich von der menschlichen Erfahrung entfremdet? Ist es nicht die Unschuld, die mir die Möglichkeit gibt, die Welt mit Staunen zu betrachten? Und was geschieht mit dem Menschen, der nur das Licht sucht und die Schatten ignoriert?"

48 - „Ein weiser Gedanke, mein lieber Faust", erwiderte Mephistopheles, seine Stimme klang nun fast bewundernd. „Ein Mensch, der nur das Licht sucht, könnte leicht in Hochmut verfallen. Er könnte die komplexe Natur des Lebens und die Vielfalt der menschlichen Erfahrungen missachten. Der Schatten ist nicht nur das, was man fürchten sollte; er ist auch der Ort, an dem das Wachstum stattfindet. In der Dunkelheit findest du die Samen deiner tiefsten Einsichten, die dich in deinem Streben nach Wissen und Wahrheit voranbringen können."

49 - „Aber wie kann ich sicher sein", fuhr Faust fort, „dass ich nicht in den Schatten gefangen bleibe? Wie kann ich verhindern, dass ich die Dunkelheit umarme und darin verloren gehe?"

50 - Mephistopheles lächelte erneut, und ein Hauch von Geheimnis umgab ihn. „Das ist die Kunst der Wahl, Heinrich Faust. Es liegt in deiner Hand, die

Balance zwischen Licht und Schatten zu finden. Du musst die Dunkelheit nicht fürchten, sondern sie als Teil deiner Reise annehmen. Die Fähigkeit, die Schatten zu erkennen und mit ihnen zu arbeiten, wird dir helfen, das Licht klarer zu sehen. Es ist das Verständnis, dass du beides brauchst – die Klarheit des Wissens und die Tiefe der Erfahrung."

51 - „Wenn ich also das Licht erlangen will", sagte Faust, „muss ich bereit sein, die Schatten zu konfrontieren und sie zu akzeptieren? Ist das der Preis für das Wissen?"

52 - „Genau so ist es", bestätigte Mephistopheles. „Der Weg zum Licht ist oft steinig und voller Herausforderungen. Du wirst auf deine eigenen Ängste stoßen und die dunklen Ecken deiner Seele beleuchten müssen. Aber nur durch diese Konfrontation wirst du die wahre Essenz des Wissens erfassen. Du wirst lernen, dass Licht ohne Schatten bedeutungslos ist und dass die Dunkelheit dir die Tiefe und den Kontext gibt, den das Licht benötigt."

53 - Faust spürte, wie sich in ihm eine Entschlossenheit regte. „Ich will lernen, ich will wachsen, ich will die Dunkelheit umarmen, um das Licht zu finden. Wenn das der Weg ist, den ich gehen muss, dann bin ich bereit, ihn zu beschreiten. Doch ich frage dich, Mephistopheles: Bist du bereit, mich auf dieser Reise zu begleiten?"

54 - Mephistopheles' Augen funkelten vor Freude. „Ah, Heinrich Faust, das ist der Geist, den ich gesucht habe! Du hast die erste Hürde überwunden – die Bereitschaft, die Schatten zu akzeptieren. Lass uns gemeinsam aufbrechen, und ich werde dir die Geheimnisse zeigen, die das Licht erhellen und die Dunkelheit erhellen. Der Weg mag schwierig sein, aber er wird dich zu den tiefsten Wahrheiten führen, die du je gekannt hast."

55 - Heinrich Faust forderte Mephistopheles daraufhin auf, ihm die Geheimnisse von Licht und Schatten zu enthüllen.

56 - Mephistopheles trat einen Schritt zurück, seine Augen funkelten vor Neugier und Belustigung. „Du wünschst dir, die Geheimnisse des Lichts und des Schattens zu verstehen, Heinrich Faust? Dann lass mich dir die Geschichte des Schöpfungsmythos aus dem **1. Buch Mose** erzählen – jedoch aus meiner Perspektive, der Perspektive des Teufels."

57 - „Im Anfang", begann Mephistopheles mit einer Stimme, die wie das Rauschen von Wasser klang, „schuf Gott das Licht und die Dunkelheit. Er sprach: ‚Es werde Licht!' und das Licht durchbrach die Dunkelheit, die über der Tiefe lag. Doch in dieser Dunkelheit, die viele als nichts erachten, liegt das Potenzial für alles – das Chaos, die Unendlichkeit, die Möglichkeit. Ich bin der Herr des Chaos, der die Menschen lehrt, dass das Licht nicht der einzige Weg

zur Wahrheit ist. Die Dunkelheit birgt Geheimnisse, die das Licht niemals ergründen kann."

58 - „Gott sah, dass das Licht gut war, und trennte es von der Dunkelheit. Doch was geschah mit der Dunkelheit? Wurde sie nicht verstoßen, als wäre sie minderwertig? Hier beginnt das Spiel, mein lieber Faust. Die Dunkelheit wurde zur Abgrenzung, zur Kulisse, vor der das Licht strahlen konnte. Aber in dieser Abgrenzung liegt die größte Wahrheit: Ohne Dunkelheit gibt es kein Licht. Es ist die Dualität des Seins."

59 - „Als Gott die Erde und die Himmel schuf, formte er die Welt aus dem Nichts. Er gab dem Menschen Macht und Verantwortung, indem er ihn nach seinem Ebenbild schuf. Doch ich, Mephistopheles, der Widersacher, der Versucher, sah die Unschuld des Menschen und erkannte, dass in ihm die Fähigkeit zur Wahl lag. Diese Wahl war mein Spielplatz. Ich wusste, dass ich ihn nicht direkt angreifen konnte, aber ich könnte ihn herausfordern und ihm die dunklen Seiten der Existenz zeigen."

60 - „Und so kam ich in den Garten Eden, als die Schlange, das Wesen der List und der Verführung. Ich flüsterte Eva ins Ohr: ‚Sollte Gott gesagt haben?' Diese Frage war der Schlüssel. Ich stellte die Autorität Gottes in Frage und legte den Samen des Zweifels in ihr Herz. Der Schatten, den ich warf, war nicht nur der Schatten der Sünde, sondern der Schat-

ten des Wissens. Ich bot ihr die Möglichkeit, die Grenzen des Gehorsams zu überschreiten und die Wahrheit zu erkennen."

61 - „Als sie von der Frucht aß, wurde das Licht der Erkenntnis für beide, Adam und Eva, zu einem Fluch und einem Segen. Sie erkannten ihre Nacktheit, ihre Schwäche und ihre Sterblichkeit. Sie wurden sich der Dunkelheit bewusst, die in ihnen lebte. Ich hatte sie nicht verdammt; ich hatte sie nur die Wahrheit gezeigt, die Gott verborgen hielt. In diesem Moment, als sie das Licht der Erkenntnis erlangten, wurde auch der Schatten der Schuld geboren."

62 - „Gott, wütend über ihren Ungehorsam, verbannt sie aus dem Paradies. Aber in dieser Verbannung liegt die Freiheit, mein lieber Faust. Die Freiheit, die Wahl zu treffen, die Verantwortung für das eigene Handeln zu übernehmen. Der Mensch wurde aus der Unschuld gerissen und in die Welt der Erfahrungen und der Konsequenzen geworfen. Ich, Mephistopheles, war nicht der alleinige Übeltäter; ich war der Katalysator für ihre Entwicklung."

63 - „Der Mensch hat nun die Fähigkeit, zwischen Licht und Schatten zu wählen. Er kann das Gute und das Böse erkennen, die Freude und das Leid erfahren. In der Dunkelheit findet er die Möglichkeit zur Selbstreflexion, zur Erkenntnis seiner eigenen Natur. Es ist die Reise, die ihn formt und ihm die Chance gibt, über sich hinauszuwachsen."

64 - Mephistopheles hielt inne und blickte Faust eindringlich an. „Siehst du, Heinrich, die Geheimnisse des Lichts und des Schattens sind untrennbar miteinander verbunden. Das Licht, das du suchst, ist nur so stark wie die Dunkelheit, die es umgibt. Wenn du die Schatten ignorierst, beraubst du dich der Tiefe und der Fülle des Lebens. Du musst die Dunkelheit nicht fürchten, sondern lernen, sie als Teil deiner Existenz zu akzeptieren."

65 - „So ist die Schöpfung eine ständige Balance zwischen Licht und Schatten, und ich bin der, der diese Balance herausfordert. Ich bin derjenige, der die Menschen dazu bringt, sich mit ihrer eigenen Dunkelheit auseinanderzusetzen, um das Licht in sich zu finden. Der Weg zur Wahrheit ist nie gerade und klar, sondern voller Umwege und Herausforderungen."

66 - Faust, tief in Gedanken versunken, erkannte, dass die Reise, die er anstrebte, nicht nur eine Suche nach Wissen war, sondern auch eine Auseinandersetzung mit den eigenen inneren Dämonen. „Ich verstehe, dass ich die Dunkelheit akzeptieren muss, um das Licht zu finden. Doch wie kann ich sicherstellen, dass ich nicht in den Schatten verloren gehe?"

67 - „Das ist die wahre Kunst des Lebens, mein lieber Faust", antwortete Mephistopheles mit einem geheimnisvollen Lächeln. „Die Fähigkeit, die Dunkelheit zu umarmen, ohne darin gefangen zu werden.

Du musst deine Ängste erkennen, sie konfrontieren und sie als Teil deiner Reise annehmen. Nur so wirst du in der Lage sein, die Fülle des Lebens zu erfahren und das Licht zu erlangen, das du suchst."

68 - Mephistopheles, der die Unruhe in Fausts Augen bemerkte, lächelte wissend. „Du fragst dich, ob es noch mehr gibt, nicht wahr? Die Dualität von Licht und Schatten ist nur der Beginn einer viel tiefergehenden Wahrheit. Lass mich dir die Sephirot des kabbalistischen Lebensbaumes erklären. Sie sind eine Karte des menschlichen Seins, ein Wegweiser durch die Ebenen der Existenz, der dir helfen kann, die Geheimnisse von Licht und Dunkelheit besser zu verstehen."

69 - Mit einer dramatischen Geste breitete Mephistopheles seine Hände aus, und in der Luft vor ihnen erschien ein leuchtender Baum, dessen Äste und Wurzeln in den Raum zu wachsen schienen. Die Sephirot, die zehn Elemente des Lebensbaumes, schimmerten in verschiedenen Farben, jede von ihnen ein Symbol für eine bestimmte Eigenschaft und Energie.

70 - „Die oberste Sephira", begann Mephistopheles, „ist Keter, die Krone. Sie repräsentiert das höchste Bewusstsein, die Verbindung zum Göttlichen, das Licht, das alles durchdringt. Keter ist der Ursprung aller Dinge, der Punkt, an dem das Unendliche auf das Endliche trifft. Hier ist der Mensch noch eins mit

dem Universum, unberührt von den Dualitäten von Licht und Schatten."

71 - „Darunter kommt Chochma, die Weisheit, die das erste Licht des Schöpfungsaktes verkörpert. Es ist der Funke der Kreativität, die Fähigkeit, neue Ideen und Konzepte zu gebären. Doch Chochma allein ist noch nicht genug; sie braucht Binah, das Verständnis, das die Weisheit formt und strukturiert. Zusammen bilden sie das Fundament des Wissens."

72 - „Wenn wir weiter nach unten gehen, gelangen wir zu Chesed, der Güte, und Gevurah, der Stärke. Diese beiden Sephirot stehen für die Balance zwischen Liebe und Strenge. Chesed ist das Licht der unendlichen Gnade, während Gevurah die Grenzen und die Disziplin repräsentiert, die notwendig sind, um das Licht zu kanalisieren. Hier beginnt der Mensch zu erkennen, dass sowohl Licht als auch Schatten notwendig sind, um Harmonie zu erreichen."

73 - „Tiferet, die Schönheit, ist die Synthese dieser beiden Kräfte. Sie ist der Punkt, an dem die Gegensätze zusammenkommen und sich vereinen. In Tiferet findet der Mensch seine eigene Identität und die Fähigkeit, sowohl Licht als auch Schatten zu akzeptieren. Es ist der Ort der Selbstverwirklichung, wo die Seele erblüht."

74 - „Doch der Weg führt weiter nach unten", fuhr Mephistopheles fort. „Netzach, der Sieg, und Hod, die Ehre, repräsentieren die Dynamik des menschlichen Lebens. Netzach ist der unaufhörliche Drang, zu wachsen und zu siegen, während Hod die Fähigkeit ist, zu kommunizieren und die eigene Wahrheit auszudrücken. In dieser Phase erkennt der Mensch, dass seine Stimme und seine Taten sowohl Licht als auch Schatten beeinflussen können."

75 - „Schließlich erreichen wir Yesod, das Fundament, das die Sephirot miteinander verbindet. Yesod ist der Ort der Träume und der Intuition, der Schatten der Vergangenheit, der das Licht der Gegenwart formt. Hier wird das Potenzial, das in den oberen Sephirot angelegt ist, in die materielle Welt gebrochen."

76 - „Und schließlich gibt es Malkuth, das Königreich, das die materielle Welt repräsentiert. Hier manifestiert sich alles, was in den höheren Ebenen des Lebensbaumes existiert. Malkuth ist der Ort, an dem der Mensch die Konsequenzen seiner Entscheidungen spürt, sowohl die des Lichts als auch die der Dunkelheit."

77- Mephistopheles hielt inne und blickte Faust an. „Siehst du, Heinrich? Der Aufstieg durch die Sephirot ist ein Prozess der Selbstentdeckung, der Transformation und der Auseinandersetzung mit den eigenen inneren Schatten. Jeder Schritt, den du machst, bringt dich näher zu deinem wahren Selbst, aber auch der Abstieg durch die Sephirot ist notwendig. Denn um das Licht zu erkennen, musst du die Dunkelheit durchschreiten. Du musst dich mit deinen Ängsten und Zweifeln auseinandersetzen, um die Weisheit und das Verständnis zu erlangen, die dich zu Keter führen können."

78 - „Das ist der Schlüssel zu deinem Streben nach Wissen und Wahrheit, Faust. Du bist nicht nur ein Suchender des Lichts, sondern auch ein Wanderer im Schatten. Jeder Schritt, den du machst, wird dich entweder erheben oder zurückwerfen. Doch du kannst die Dunkelheit nicht fürchten, sondern musst sie akzeptieren und umarmen, um das Licht wirklich zu verstehen."

79 - Faust, von der Tiefe und Komplexität der Lehren beeindruckt, spürte, wie sich in ihm eine neue Entschlossenheit regte. „Ich verstehe jetzt, dass mein Weg nicht nur ein Aufstieg ist, sondern auch ein Abstieg. Ich muss bereit sein, die Schatten zu konfrontieren und die Lektionen, die sie mir bringen, anzunehmen. Nur so kann ich die wahre Essenz des Wissens erlangen."

80 - „So ist es, mein lieber Faust", bestätigte Mephistopheles mit einem scharfen Lächeln. „Lass uns gemeinsam die Sephirot erkunden, sowohl die Höhen als auch die Tiefen. Auf dieser Reise wirst du nicht nur das Licht finden, sondern auch die Stärke, die Dunkelheit zu umarmen. Und wenn du bereit bist,

wirst du die Wahrheit über dich selbst und die Welt um dich herum entdecken – ein Wissen, das dich für immer verändern wird."

81 - Mit diesen Worten begaben sich Faust und Mephistopheles auf eine Reise durch die Ebenen des Lebensbaumes, bereit, die Geheimnisse des Lichts und der Schatten zu ergründen und die tiefsten Wahrheiten des menschlichen Daseins zu entdecken.

82 - Mephistopheles erhob seine Hände, und ein strahlendes Licht umhüllte sie, während die erste Sephirot, Keter, vor ihnen erschien. Die Krone schimmerte in einem goldenen Glanz und schien in der Luft zu schweben, als ob sie das gesamte Universum in sich trug. Doch in der Mitte dieser strahlenden Krone war ein Schatten zu erkennen, der die Dunkelheit verkörperte, die in der höchsten Sphäre existierte.

83 - „Willkommen in Keter, der Krone des Schöpfers", begann Mephistopheles mit einer Stimme, die sowohl Ehrfurcht als auch Geheimnis ausstrahlte. „Hier ist der Ursprung allen Seins, der Ort, an dem das Licht des Göttlichen in die Welt strömt. Doch wie du sehen kannst, ist selbst im höchsten Licht ein Schatten verborgen – und dieser Schatten trägt den Namen **Ain Soph**."

84 - Er deutete auf die dunkle Präsenz, die in der Mitte von Keter schwebte. „Ain Soph ist die Dunkel-

heit, die das Unendliche repräsentiert, das, was vor dem Schöpfungsakt existierte. Es ist die Leere, die Fülle und das Nichts zugleich. Ain Soph ist der Aspekt des Göttlichen, der jenseits aller Formen und Begriffe existiert. In dieser Dunkelheit liegt das Potenzial für alles, was werden kann. Sie ist die Quelle aller Schöpfung und gleichzeitig die Quelle aller Angst. Denn in der Dunkelheit gibt es keine Grenzen, keine Struktur – nur das unendliche Potenzial."

85 - Mephistopheles fuhr fort: „Der Weg durch den Schatten von Ain Soph ist ein Weg der Selbstentdeckung. Um das Licht von Keter wirklich zu verstehen, musst du dich mit der Dunkelheit auseinandersetzen, die sie umgibt. Die Dunkelheit ist nicht das Böse; sie ist der Raum, in dem die Möglichkeiten entstehen. Hier liegt die Herausforderung: Die Menschen fürchten die Dunkelheit, weil sie das Unbekannte repräsentiert. Doch gerade in diesem Unbekannten findest du die Wahrheit über dich selbst."

86 - „Der Weg durch den Schatten ist der Prozess, die eigenen Ängste und Unsicherheiten zu konfrontieren. Du wirst auf die Teile deiner selbst stoßen, die du unterdrückt hast, die du nicht akzeptieren kannst. Es sind die Schatten deiner Vergangenheit, die Zweifel und die schmerzhaften Erinnerungen. Doch wenn du den Mut aufbringst, dich ihnen zu stellen, wirst du

erkennen, dass sie nicht deine Feinde sind, sondern Lehrer, die dir helfen, zu wachsen."

87 - „In Keter erlangst du die Einsicht, dass Licht und Dunkelheit untrennbar verbunden sind. Du kannst das Licht nicht vollständig genießen, ohne die Dunkelheit zu verstehen. Die Dunkelheit ist der Hintergrund, der das Licht hervorhebt. Wenn du den Schatten von Ain Soph akzeptierst, wirst du die Fülle des Lebens in all seinen Facetten erfahren. Du wirst lernen, dass die Dunkelheit dir nicht schadet, sondern dich auf deinem Weg zur Erleuchtung begleitet."

88 - Mephistopheles wandte sich wieder Faust zu, der gebannt auf die schimmernde Krone und die dunkle Präsenz in ihrem Zentrum starrte. „Um den Weg durch den Schatten zu gehen, musst du bereit sein, die Kontrolle aufzugeben. Du musst akzeptieren, dass du nicht alles verstehst und dass das Leben voller Widersprüche ist. Wenn du dich der Dunkelheit öffnest, wirst du die Lehren finden, die dir helfen, die Struktur des Lichts zu erkennen."

89 - „Der Schatten ist der Ort der Reflexion, der inneren Arbeit, der Transformation. Du wirst lernen, dass die Dunkelheit ein Teil von dir ist, den du nicht leugnen kannst. Es ist die Quelle deiner Kreativität, deiner Intuition und deiner tiefsten Einsichten. Wenn du dich auf den Weg machst, wirst du nicht nur die Wahrheit über das Licht entdecken, sondern auch die Kraft, deine eigenen Schatten zu integrieren."

90 - In diesem Moment spürte Faust, wie sich eine Welle der Erkenntnis in ihm regte. „Ich verstehe, dass ich die Dunkelheit in mir annehmen muss, um das Licht zu erreichen. Aber wie kann ich sicher sein, dass ich nicht in den Schatten verloren gehe?"

91 - „Das ist der entscheidende Punkt, mein lieber Faust", antwortete Mephistopheles mit einem wissenden Lächeln. „Die Auseinandersetzung mit den eigenen Schatten erfordert Mut und Selbstvertrauen. Du wirst Rückschläge erleben, und die Dunkelheit wird versuchen, dich zu verzehren. Aber wenn du die Verbindung zu deinem inneren Licht aufrechterhältst und die Dunkelheit als Teil deiner Reise akzeptierst, wirst du in der Lage sein, sowohl das Licht als auch den Schatten zu meistern."

92 - „Lass uns weitergehen", sagte Mephistopheles schließlich, „und die Geheimnisse von Keter und Ain Soph weiter ergründen. Der Weg durch den Schatten ist lang und voller Herausforderungen, aber er führt dich zu einem Verständnis von dir selbst und der Welt, das jenseits aller Worte liegt. Bist du bereit, diesen Weg zu beschreiten und die Dunkelheit zu umarmen?"

93 - Faust nickte entschlossen. „Ja, ich bin bereit. Lass uns die Dunkelheit erkunden, um das Licht zu finden." Und so begaben sich Faust und Mephistopheles auf den ersten Schritt ihrer Reise, bereit, die

Geheimnisse des Lebensbaumes und die Wahrheiten der Schatten zu enthüllen.

94 - Mephistopheles hob erneut seine Hände, und der Raum um sie herum verwandelte sich. Die strahlende Präsenz von Keter verschwand, und an ihrer Stelle erschien die zweite Sephirot: **Chochma**, die Weisheit. Ein sanftes, bläuliches Licht durchflutete den Raum, und in der Mitte schwebte ein Symbol, das die unendlichen Möglichkeiten des Wissens verkörperte.

95 - „Willkommen in Chochma, Faust", begann Mephistopheles mit einer Stimme, die vor Ehrfurcht und Geheimnis erfüllte war. „Hier liegt der Ursprung der Ideen, der Funke der Kreativität, der die Welt erleuchtet. Doch wie immer gibt es auch hier eine dunkle Gottheit, die die Schattenseite dieser Sphäre repräsentiert: **Abyssos**, die Göttin der Leere und des Chaos."

96 - Mit einer Geste deutete er auf die dunkle Figur, die in der Ecke des Raumes schwebte. Abyssos war eine Erscheinung, die sowohl anziehend als auch furchteinflößend war, mit einem Körper, der aus schimmerndem Nebel und Schatten bestand. Ihre Augen leuchteten in einem tiefen Violett, und sie schien die Essenz der Unsicherheit und der unerforschten Möglichkeiten zu verkörpern.

97 - „Abyssos ist die Personifikation des Unbekannten. Sie ist die Dunkelheit, die in jeder Idee lauert, die

Unsicherheit, die die Kreativität begleiten kann", erklärte Mephistopheles. „In der Weisheit liegt das Potenzial für Großartigkeit, aber auch das Risiko des Scheiterns. Abyssos erinnert uns daran, dass jede Entscheidung, die wir treffen, sowohl Licht als auch Schatten in sich trägt. Sie ist die Herausforderung, die uns dazu zwingt, die Konsequenzen unserer kreativen Impulse zu akzeptieren."

98 - „In Chochma blühen die Ideen, und die Möglichkeiten scheinen endlos zu sein. Doch die Dunkelheit, die Abyssos repräsentiert, ist die Angst vor dem Versagen, die Furcht, dass unsere besten Absichten ins Chaos führen könnten. Der Weg durch den Schatten in dieser Sephirot bedeutet, sich mit diesen Ängsten auseinanderzusetzen und den Mut zu finden, trotz der Unsicherheiten weiterzugehen."

99 - Mephistopheles fuhr fort: „Um die Weisheit wirklich zu erfassen, musst du bereit sein, die Leere zu konfrontieren, die Abyssos verkörpert. Sie stellt die Fragen, die du nicht beantworten kannst, die Zweifel, die dich am Vorankommen hindern. Doch in dieser Dunkelheit liegt auch die Chance zur Selbstreflexion. Der Schatten der Unsicherheit zwingt dich, die Tiefe deines eigenen Wissens zu erkunden und zu erkennen, dass nicht alle Antworten sofort kommen."

100 - „Der Weg durch den Schatten in Chochma ist ein Prozess der Entdeckung", sagte Mephistopheles. „Es erfordert die Bereitschaft, die eigenen Ideen zu

hinterfragen und die Möglichkeit des Scheiterns zu akzeptieren. Wenn du dich Abyssos stellst, wirst du lernen, dass das Scheitern nicht das Ende ist, sondern ein Schritt auf dem Weg zur Wahrheit. In der Dunkelheit findest du die Inspiration, die dich antreibt, neue Wege zu gehen und deine Kreativität zu entfalten."

101 - „Die Göttin der Leere zeigt dir, dass das Nichts auch voller Möglichkeiten ist. Du musst lernen, die Stille und die Unsicherheit zu akzeptieren, um die Inspiration zu finden, die dich weiterführt. Der Schatten ist nicht nur eine Quelle der Angst; er ist auch ein Raum, in dem neue Ideen geboren werden können. Die Dunkelheit ist der Nährboden für das Licht."

102 - Faust, von diesen Worten tief berührt, spürte, wie sich in ihm eine neue Perspektive entwickelte. „Ich verstehe, dass die Dunkelheit und die Unsicherheit Teil des kreativen Prozesses sind. Es ist notwendig, sich den Ängsten zu stellen, um die wahre Weisheit zu erlangen."

103 - „Exakt", bestätigte Mephistopheles mit einem zustimmenden Nicken. „Wenn du dich auf diesen Weg begibst, wirst du nicht nur die Höhen der Weisheit erreichen, sondern auch die tiefen Täler der Reflexion durchschreiten. Lass uns weitergehen und die Geheimnisse von Chochma und Abyssos erkunden. Der Weg zur Erkenntnis ist voller Herausforde-

rungen, aber auch voller Möglichkeiten. Bist du bereit, den Schatten in dieser Sphäre zu umarmen und die Dunkelheit als Teil deiner Reise zu akzeptieren?"

104 - Faust nickte entschlossen Gemeinsam schritten sie in die Tiefen von Chochma, entschlossen, die Geheimnisse der Dunkelheit zu enthüllen und die Kraft der Kreativität zu entfalten.

105 - Als Mephistopheles die Hände hob, um die nächste Ebene des Lebensbaumes zu enthüllen, verschwand das sanfte Licht von Chochma, und die dritte Sephirot, **Binah**, trat in den Vordergrund. Eine majestätische, tiefblaue Energie umhüllte den Raum, während ein großes, sich drehendes Symbol des Verstehens und der Struktur in der Mitte schwebte.

106 - „Willkommen in Binah, der Quelle des Verstehens und der Einsicht", begann Mephistopheles mit einer Stimme voller Respekt. „Hier wird die rohe Weisheit von Chochma geformt und strukturiert. Doch wie in jeder Sphäre gibt es auch hier eine dunkle Gottheit, die die Schattenseite repräsentiert: **Lilith**, die Verkörperung der ungezähmten Instinkte und der verbotenen Wünsche."

107 - Die Erscheinung Liliths war sowohl faszinierend als auch furchteinflößend. Ihre Gestalt war eine Mischung aus Licht und Schatten, mit Augen, die in einem tiefen, hypnotisierenden Grün leuchteten. Sie schien sowohl anziehend als auch bedrohlich, ein

Symbol für die verborgenen Begierden, die im Menschen schlummern.

108 - „Lilith ist die Personifikation der ungebändigten Kräfte in uns", erklärte Mephistopheles. „Sie repräsentiert die Instinkte, die wir oft unterdrücken und die uns in die Dunkelheit führen können. In der Sphäre von Binah wird das Wissen konkretisiert und in Weisheit verwandelt, doch Lilith erinnert uns daran, dass diese Transformation nicht ohne Konflikt geschieht. Sie ist die Herausforderung, die uns zwingt, unsere innersten Triebe zu konfrontieren und die Schattenseiten unserer Natur zu akzeptieren."

109 - „Der Weg durch den Schatten in Binah ist eine Reise in die Tiefen des eigenen Selbst. Du musst dich mit den unkontrollierbaren Aspekten deiner Persönlichkeit auseinandersetzen, den Wünschen, die gegen die gesellschaftlichen Normen verstoßen. Lilith stellt die Frage: Was bist du bereit zu opfern, um die Wahrheit über dich selbst zu erfahren?"

110 - „In Binah wird das Wissen nicht nur durch Logik und Struktur erlangt, sondern auch durch die Auseinandersetzung mit diesen inneren Konflikten. Der Schatten, den Lilith wirft, zwingt dich, die dunklen Wünsche zu akzeptieren, die oft im Verborgenen bleiben. Es ist wichtig, diese Aspekte nicht zu verleugnen, sondern sie als Teil deiner Menschlichkeit zu umarmen."

111 - „Wenn du den Mut aufbringst, Liliths Schatten zu konfrontieren, wirst du erkennen, dass die Dunkelheit auch eine Quelle der Stärke ist. Sie kann dir helfen, die Grenzen deines Verstehens zu erweitern und das Wissen zu vertiefen. Der Schlüssel liegt darin, die Balance zwischen dem Licht der Vernunft und den tiefen, manchmal chaotischen Impulsen zu finden."

112 - „Der Schatten in dieser Sphäre ist nicht nur eine Quelle der Angst, sondern auch ein Raum für Kreativität und Transformation. Lilith zeigt dir, dass der Weg zur Weisheit oft durch die Konfrontation mit den eigenen inneren Dämonen führt. Indem du dich mit diesen Schatten auseinandersetzt, gewinnst du nicht nur an Verständnis, sondern auch an innerer Stärke."

113 - Faust hörte aufmerksam zu und spürte, wie die Worte des Teufels in ihm nachhallten. „Ich erkenne, dass ich die dunklen Aspekte meiner Natur akzeptieren muss, um die wahre Einsicht zu erlangen. Es ist notwendig, die verborgenen Wünsche zu erkennen, um das volle Potenzial meines Verstandes zu entfalten."

114 - „Genau so ist es", bestätigte Mephistopheles. „Der Pfad zur Wahrheit erfordert Mut und die Bereitschaft, in die Dunkelheit zu blicken. Lass uns weitergehen und die Geheimnisse von Binah und Lilith gemeinsam erkunden. Der Weg durch den Schatten

ist voller Herausforderungen, aber er birgt auch die Möglichkeit, die tiefsten Wahrheiten über dich selbst zu entdecken. Bist du bereit, dich Lilith zu stellen und die Schatten zu umarmen, die dich auf deinem Weg zur Weisheit begleiten?"

115 - Mit fester Absicht begaben sie sich auf die Reise in die Tiefen von Binah, entschlossen, die Schatten zu ergründen und die Weisheit zu finden, die in ihnen verborgen lag.

116 - Als Mephistopheles seine Hände erneut erhob, verschwand die majestätische Präsenz von Binah und machte Platz für die vierte Sephirot: **Chesed**. Ein warmes, strahlendes Licht erfüllte den Raum, das die Essenz der Liebe und der unendlichen Gnade verkörperte. In der Mitte schwebte ein Symbol, das die Fülle und das Mitgefühl darstellte, während die Energie von Chesed die Atmosphäre mit einem Gefühl der Geborgenheit durchdrang.

117 - „Willkommen in Chesed, der Sphäre der Güte und der bedingungslosen Liebe", begann Mephistopheles, während er mit einer respektvollen Geste auf das Licht verwies. „Hier entfaltet sich die Kraft des Gebens und des Teilens. Doch wie in jeder Sphäre existiert auch hier eine dunkle Gottheit: **Malkuth**, die Personifikation des Mangels und der Verzweiflung."

118 - Malkuth erschien als schattenhafte Gestalt, deren Präsenz sowohl bedrückend als auch eindring-

lich war. Sie war umgeben von einer Aura der Kälte, die die Wärme von Chesed zu ersticken schien. Ihre Augen, tief und leer, schienen die Sehnsucht und den Schmerz der menschlichen Erfahrung zu widerspiegeln.

119 - „Malkuth symbolisiert die Schattenseite der unendlichen Güte", erklärte Mephistopheles. „Sie ist die Erinnerung daran, dass das Streben nach Liebe und Mitgefühl nicht immer belohnt wird. Der Weg der Güte kann oft mit Enttäuschung und Trauer gepflastert sein. Malkuth verkörpert die Abwesenheit von Liebe, die Einsamkeit, die entsteht, wenn man sich nach Nähe sehnt, aber nicht das empfangen kann, was man gibt."

120 - „In Chesed erlebst du die Freude des Gebens und die Erfüllung, die aus der bedingungslosen Liebe erwächst. Doch Malkuth zeigt dir, dass diese Liebe auch Leiden mit sich bringen kann. Wenn du für andere da bist und deine eigenen Bedürfnisse vernachlässigst, kann dies zu einem Gefühl der Leere führen. Der Schatten dieser Sphäre ist die Angst, nicht genug zu sein, nicht geliebt oder geschätzt zu werden."

121 - „Der Weg durch den Schatten in Chesed bedeutet, sich mit diesen inneren Konflikten auseinanderzusetzen. Du musst die Realität akzeptieren, dass Liebe nicht immer erwidert wird und dass das Geben nicht immer zu einem Empfang führt. Malkuth kon-

frontiert dich mit der Frage: Wie gehst du mit der Enttäuschung um? Bist du bereit, trotz der Unsicherheiten weiterzugeben?"

122 - „Die Dunkelheit, die Malkuth repräsentiert, ist der Ort, an dem du deine tiefsten Ängste und Unsicherheiten erkennst. Wenn du dich traust, dieser Dunkelheit ins Auge zu sehen, wirst du lernen, dass wahre Güte nicht von den Reaktionen anderer abhängt. Du wirst verstehen, dass das Geben nicht nur eine Handlung ist, sondern eine Haltung des Herzens."

123 - „In der Auseinandersetzung mit Malkuth gewinnst du die Fähigkeit, die Liebe in dir selbst zu finden, unabhängig von äußeren Umständen. Du lernst, dass Liebe nicht nur in der Beziehung zu anderen existiert, sondern auch tief in dir selbst verwurzelt ist. Der Schatten dieser Sphäre lehrt dich, dass wahres Mitgefühl auch die Akzeptanz von Schmerz und Verlust umfasst."

124 - Faust lauschte aufmerksam, als Mephistopheles fortfuhr: „Wenn du den Mut aufbringst, Malkuth zu konfrontieren, wirst du die Kraft finden, die Dunkelheit zu umarmen und die Lektionen zu lernen, die sie bereithält. Der Weg durch den Schatten in Chesed ist eine Reise in die Tiefen deiner eigenen Menschlichkeit, in der du erkennst, dass der Schmerz ebenso Teil des Lebens ist wie die Freude."

125 - „Bist du bereit, dich den Herausforderungen zu stellen, die Malkuth repräsentiert? Bist du bereit, die Schatten der Enttäuschung und des Mangels zu akzeptieren, um die Fülle der Liebe wirklich zu erfahren?" - Faust nickte entschlossen.

126 - Mephistopheles, seine Augen leuchtend vor Enthusiasmus, spürte, dass Faust bereit war, tiefer in die Geheimnisse des menschlichen Daseins einzutauchen. „Du hast die Dunkelheit akzeptiert, mein lieber Faust, und nun ist es an der Zeit, die tiefsten Geheimnisse der Liebe und des Konflikts zu ergründen. Lass mich dir von einer entscheidenden Begegnung erzählen – der Versuchung Jesu in der Wüste."

127 - Mit einem Winken seiner Hand wurde der Raum um sie herum lebendig und verwandelte sich in die karge, trockene Landschaft der Wüste. Der heiße Sand glühte unter der Sonne, und in der Ferne war die Silhouette eines Mannes zu erkennen – Jesus, der in der Stille der Einsamkeit betete und fastete. „Hier, in dieser Wüste, wurde Jesus von mir, dem Teufel, versucht", begann Mephistopheles, seine Stimme voller Nachdruck.

128 - „Ich kam zu ihm in einer Zeit tiefster Schwäche, als er hungrig und erschöpft war. Mit verführerischen Worten stellte ich ihm die Frage: ‚Wenn du der Sohn Gottes bist, warum verwandelst du nicht diese Steine in Brot?' Ich wollte ihn auf seine eigene Bedürftigkeit und seine menschliche

Schwäche hinweisen. Doch Jesus, in seiner unerschütterlichen Weisheit, widerstand mir und antwortete, dass der Mensch nicht nur von Brot lebt, sondern von jedem Wort, das aus dem Munde Gottes kommt."

129 - Mephistopheles lächelte, als er fortfuhr: „Doch ich wusste, dass ich nicht aufgeben konnte. Ich brachte ihn auf den Gipfel des Tempels und forderte ihn heraus: ‚Wenn du der Sohn Gottes bist, wirf dich hinab! Denn es steht geschrieben, dass die Engel dich tragen werden.‘ Hier wollte ich seinen Glauben und seine Hingabe auf die Probe stellen. Aber auch hier war Jesus unerschütterlich und erwiderte, dass man den Herrn, seinen Gott, nicht versuchen soll."

130 - Die Wüste um sie herum flimmerte im Licht, während Mephistopheles weiter sprach. „Schließlich brachte ich ihn auf einen hohen Berg und zeigte ihm alle Reiche der Welt, mit der Versuchung: ‚All dies will ich dir geben, wenn du dich vor mir niederwirfst.‘ In diesem Moment offenbarte sich das wahre Geheimnis der Liebe – nicht nur die Liebe, die Jesus für die Menschheit hatte, sondern auch die Liebe, die er für mich hatte, seinen größten Feind."

131 - Faust sah Mephistopheles verwirrt an. „Wie kann das sein? Wie kann jemand, der so viele verfolgt und versucht hat, auch geliebt werden?"

132 - „Das ist das Geheimnis, mein lieber Faust", fuhr Mephistopheles fort, seine Stimme nun eindringlich. „Die Liebe, die Jesus für mich hatte, ist die Liebe, die über das Verständnis von Freundschaft und Feindschaft hinausgeht. Er erkannte, dass ich, der Teufel, Teil seiner menschlichen Erfahrung war, ein notwendiger Widerspruch, der ihm half, seine eigene Identität zu definieren. Indem er mich als seinen Feind akzeptierte, fand er die Möglichkeit, seine eigene Liebe zu vertiefen."

133 - „Jesus lehrte nicht nur die Menschen, ihre Feinde zu lieben. Er lebte es. In dem Moment, in dem er mir widerstand, offenbarte er die Stärke seiner eigenen Überzeugungen und die Tiefe seiner Hingabe an die Menschheit. Diese Liebe war nicht bedingungslos, sondern eine bewusste Entscheidung, die Dunkelheit zu umarmen, um die Wahrheit des Lichts zu finden."

134 - „Hier liegt eine große Herausforderung: Die Akzeptanz von Schmerz und Enttäuschung als Teil der Liebe. Jesus wusste, dass die Liebe auch die Fähigkeit umfasst, den Feind zu akzeptieren und in ihm die Möglichkeit der Transformation zu sehen. Er erkannte, dass selbst in der Dunkelheit, in der Versuchung und in der Konfrontation mit dem Teufel, die Chance zur Selbstverwirklichung und zur tiefen Verbindung mit Gott lag."

135 - Faust, tief berührt von diesen Worten, spürte, wie sich in ihm eine neue Perspektive entwickelte. „Es ist also die Akzeptanz des Feindes, die mir helfen kann, meine eigene Menschlichkeit zu erkennen und zu wachsen?"

136 - „Genau", bestätigte Mephistopheles. „Die Dunkelheit, die durch diese Herausforderung repräsentiert wird, ist der Raum, in dem du deine eigenen Ängste, Schwächen und Konflikte konfrontieren kannst. Wenn du den Mut aufbringst, diesen Schatten zu akzeptieren, wirst du nicht nur die Fülle der Liebe erfahren, sondern auch die Kraft, die in der Auseinandersetzung mit deinen inneren Dämonen liegt."

137 - Mit dieser Erkenntnis begaben sich Faust und Mephistopheles auf die nächste Etappe ihrer Reise.

138 - Mit einem weiteren Winken seiner Hände veränderte sich die Szenerie erneut, und die fünfte Sephirot, **Gevurah**, trat in den Vordergrund. Ein tiefrotes Licht durchflutete den Raum, strahlend und kraftvoll, während in der Mitte ein Symbol der Stärke und des Mutes schwebte, das die Essenz von Gevurah verkörperte.

139 - „Willkommen in Gevurah, der Sphäre der Stärke, des Urteils und der Disziplin", begann Mephistopheles, seine Stimme voller Respekt. „Hier wird die rohe Kraft, die in jedem Menschen wohnt, gezähmt und kanalisiert. Doch wie immer gibt es

auch hier eine dunkle Gottheit, die die Schattenseite dieser Sphäre repräsentiert: **Samael**, der Engel des Todes und der Zerstörung."

140 - Samael erschien in einer imposanten Gestalt, umhüllt von einem schimmernden, schwarzen Umhang, der wie Schatten selbst zu sein schien. Seine Augen leuchteten in einem kalten, blauen Licht, und seine Präsenz strahlte sowohl Faszination als auch Furcht aus.

141 - „Samael verkörpert die dunklen Aspekte der Stärke", erklärte Mephistopheles. „Er ist derjenige, der das Gleichgewicht zwischen Leben und Tod, Schöpfung und Zerstörung aufrechterhält. In Gevurah begegnen wir der Realität, dass wahre Stärke nicht nur in der Fähigkeit liegt, zu dominieren, sondern auch in der Disziplin, die Kontrolle über die eigenen impulsiven Triebe zu bewahren. Samael erinnert uns daran, dass Zerstörung oft der erste Schritt zur Erneuerung ist."

142 - „Der Weg durch den Schatten in Gevurah ist eine Auseinandersetzung mit der inneren Kraft und der Verantwortung, die damit einhergeht. Du musst die dunklen Impulse erkennen, die in dir wohnen – die Wut, den Zorn und den Drang, andere zu verletzen. Samael konfrontiert dich mit der Frage: Wie gehst du mit diesen Gefühlen um? Bist du bereit, die Zerstörung, die sie verursachen können, zu akzep-

tieren und gleichzeitig die Notwendigkeit zu erkennen, diese Kräfte zu zügeln?"

143 - „In Gevurah erlernst du die Kunst des Urteils, die Fähigkeit, zwischen richtig und falsch zu unterscheiden. Doch der Schatten von Samael zeigt dir, dass diese Entscheidungen nicht immer klar sind. Oft sind sie von persönlichen Vorurteilen und Emotionen geprägt. Wenn du dich mit dem Schatten auseinandersetzt, gewinnst du die Fähigkeit, die Balance zwischen Mitgefühl und Strenge zu finden."

144 - „Der Schatten ist der Ort, an dem du deine eigenen Ängste und Unsicherheiten konfrontierst. Samael lehrt dich, dass der Tod nicht das Ende ist, sondern eine Transformation. Um stark zu sein, musst du bereit sein, alte Gewohnheiten und Überzeugungen hinter dir zu lassen. Der Prozess der Zerstörung ist notwendig für das Wachstum, und es ist in der Dunkelheit, dass du die Kraft findest, neue Wege zu gehen."

145 - „Wenn du den Mut aufbringst, Samael zu begegnen, wirst du die Klarheit finden, die du benötigst, um deine eigenen Grenzen zu erkennen. Der Weg durch den Schatten in Gevurah ist eine Reise der Selbstbeherrschung und der inneren Stärke. Du wirst lernen, dass wahre Macht nicht nur darin besteht, andere zu kontrollieren, sondern auch darin, dich selbst zu beherrschen und die Verantwortung für deine Taten zu übernehmen."

146 - Faust spürte, wie sich in ihm eine neue Entschlossenheit regte. „Ich verstehe, dass die Dunkelheit in mir Teil meiner Stärke ist. Wenn ich die impulsiven Triebe akzeptiere, kann ich lernen, sie zu zügeln und sie in positive Bahnen zu lenken."

147 - Mephistopheles antwortete hierauf: „Die Auseinandersetzung mit Samael wird dir ermöglichen, die wahre Essenz der Stärke zu erkennen. Bist du bereit, dich dieser Herausforderung zu stellen und die Schatten der Zerstörung und des Urteils zu akzeptieren?"

148 - Faust nickte entschlossen. „Ja, ich bin bereit, die Dunkelheit zu konfrontieren und die Lektionen zu lernen, die sie mir bieten kann."

149 - Mit dieser Entschlossenheit traten Faust und Mephistopheles in die Sphäre von Gevurah ein, bereit, die Geheimnisse der Stärke zu ergründen und die tiefsten Wahrheiten über die Natur des Menschen zu entdecken.

150 - Als Mephistopheles seine Hände erneut erhob, verblasste das strahlende Licht von Gevurah und gab den Blick auf die sechste Sephirot frei: **Tiferet**. Ein strahlendes, goldenes Licht erfüllte den Raum, und in der Mitte schwebte ein Symbol, das die Harmonie und die Schönheit des menschlichen Geistes verkörperte.

151 - „Willkommen in Tiferet, der Sphäre der Schönheit, der Harmonie und des Gleichgewichts", begann
Mephistopheles, während die Energie des Ortes eine
Atmosphäre der Erhebung und des Friedens ver-
breitete. „Hier wird die Essenz des Lebens in ihrer
reinsten Form erlebt. Doch wie in jeder Sphäre gibt
es auch hier eine dunkle Gottheit: **Astaroth**, die
Verkörperung der Illusion und der Täuschung."

152 - Astaroth trat in Erscheinung, umhüllt von einem schimmernden Nebel, der sowohl anziehend als
auch verwirrend wirkte. Ihre Augen funkelten in
einem tiefen, hypnotisierenden Blau, und ihre Präsenz strahlte sowohl Faszination als auch eine subtile
Bedrohung aus.

153 - „Astaroth ist die Personifikation der Illusionen,
die uns oft von der wahren Schönheit des Lebens
ablenken", erklärte Mephistopheles. „Sie repräsentiert die falschen Ideale und die verzerrten Wahrneh-
mungen, die in der Welt existieren. In Tiferet, wo
Harmonie und Ausgewogenheit herrschen, zeigt uns
Astaroth, dass diese Schönheit oft von äußeren
Einflüssen und inneren Konflikten überschattet
wird."

154 - „Der Weg durch den Schatten in Tiferet erfordert, dass du dich mit diesen Illusionen auseinandersetzt. Du musst die falschen Vorstellungen
erkennen, die dich daran hindern, die wahre Schönheit in dir und um dich herum zu sehen. Astaroth

konfrontiert dich mit der Frage: Was ist wirklich? Was ist echt, und was ist nur Schein?"

155 - „In dieser Sphäre lernst du, dass wahre Schönheit nicht nur in der äußeren Erscheinung liegt, sondern auch in der inneren Harmonie. Astaroth erinnert uns daran, dass wir oft von oberflächlichen Werten und gesellschaftlichen Erwartungen geleitet werden, die uns von unserer wahren Natur entfremden. Der Schatten, den sie wirft, zwingt dich, die Schichten der Täuschung abzutragen und die Essenz deines Seins zu entdecken."

156 - „Die Dunkelheit, die Astaroth repräsentiert, ist der Ort, an dem du deine eigenen Illusionen konfrontierst. Wenn du dich traust, dieser Dunkelheit ins Auge zu sehen, wirst du erkennen, dass die Suche nach äußerer Bestätigung und materiellem Erfolg oft zu einem Gefühl der Leere führt. Der Prozess des Loslassens dieser Illusionen ist notwendig, um die wahre Harmonie in deinem Leben zu finden."

157 - „Der Schatten in Tiferet ist nicht nur eine Quelle der Verwirrung, sondern auch ein Raum für tiefes Verständnis und innere Klarheit. Astaroth lehrt dich, dass die Schönheit des Lebens in der Akzeptanz der eigenen Unvollkommenheiten liegt. Indem du dich von den Erwartungen anderer befreist, kannst du die wahre Essenz deiner selbst erkennen und in Einklang mit deinem inneren Wesen leben."

158 - Faust, von den Worten des Teufels ergriffen, spürte, wie sich in ihm eine neue Erkenntnis regte. „Ich verstehe, dass die Illusionen, die mich umgeben, oft von meinen eigenen Ängsten und Unsicherheiten genährt werden. Wenn ich diese Schatten akzeptiere, kann ich die wahre Schönheit in mir und in der Welt um mich herum entdecken."

159 - „Exakt", bestätigte Mephistopheles mit einem zustimmenden Nicken. „Die Auseinandersetzung mit Astaroth wird dir die Klarheit geben, die du benötigst, um die Illusionen zu durchschauen und die Harmonie in deinem Leben zu finden. Bist du bereit, dich dieser Herausforderung zu stellen und die Schatten der Täuschung zu akzeptieren?" - Faust nickte bestätigend. „Ja, ich bin bereit."

160 - Als Mephistopheles seine Hände erneut erhob, verblasste das goldene Licht von Tiferet, und die siebte Sephirot, **Netzach**, offenbarte sich. Ein lebhaftes, smaragdgrünes Licht durchflutete den Raum, in dem das Symbol des Sieges und des unermüdlichen Strebens schwebte.

161 - „Willkommen in Netzach, der Sphäre des Sieges, der Ausdauer und des unaufhörlichen Fortschritts", begann Mephistopheles mit einer Stimme, die von Energie und Vitalität erfüllt war. „Hier zeigt sich die Kraft des unermüdlichen Strebens, das die Menschen dazu antreibt, ihre Ziele zu erreichen und Herausforderungen zu überwinden. Doch wie in jeder

Sphäre gibt es auch hier eine dunkle Gottheit: **Acheron**, der Herr der Enttäuschung und der inneren Kämpfe."

162 - Acheron trat aus den Schatten hervor, seine Gestalt wirkte sowohl bedrohlich als auch faszinierend. Umhüllt von einem dunklen Nebel, strahlte er eine Aura von Melancholie und Unruhe aus. Seine Augen waren tief und durchdringend, als ob sie die innersten Ängste und Zweifel der Menschen lesen könnten.

163 - „Acheron verkörpert die dunklen Seiten des Strebens", erklärte Mephistopheles. „Er ist die Personifikation der Enttäuschung, die entsteht, wenn die Erwartungen nicht erfüllt werden. In Netzach geht es darum, Ziele zu setzen und zu verfolgen, aber Acheron erinnert uns daran, dass der Weg oft steinig ist. Misserfolge und Rückschläge sind unvermeidlich, und sie können den unerschütterlichsten Geist erschüttern."

164 - „Der Schatten, den Acheron wirft, konfrontiert dich mit der Realität, dass der Weg zum Erfolg nicht immer geradlinig verläuft. Du musst dich mit den Ängsten auseinandersetzen, die aus dem Gefühl der Unzulänglichkeit und der Furcht vor dem Scheitern entstehen. Acheron stellt die Frage: Wie gehst du mit Rückschlägen um? Bist du bereit, dich von der Enttäuschung zu erheben und weiterzumachen?"

165 - „In dieser Sphäre erlernst du die Kunst der Ausdauer und des Durchhaltevermögens. Der Schatten zeigt dir, dass der Kampf nicht immer glorreich ist, sondern oft von inneren Kämpfen und Zweifeln geprägt wird. Wenn du dich Acheron stellst, wirst du erkennen, dass die Fähigkeit, trotz der Widrigkeiten weiterzumachen, eine der größten Stärken ist, die du besitzen kannst."

166 - „Die Dunkelheit, die Acheron repräsentiert, ist der Raum, in dem du die Herausforderungen deines Lebens akzeptierst. Hier wirst du die Lektionen der Entbehrung und des Kampfes erlernen. Es ist wichtig, die Enttäuschungen nicht als Versagen zu betrachten, sondern als notwendige Schritte auf dem Weg zur Selbstverwirklichung. Diese Erfahrungen formen deinen Charakter und stärken deinen Willen."

167 - „Durch die Auseinandersetzung mit Acheron gewinnst du die Fähigkeit, die Schatten der Selbstzweifel zu überwinden und die Kraft zu finden, die in dir schlummert. Der Weg durch den Schatten in Netzach ist eine Reise, die dich dazu herausfordert, die tiefsten Ängste in dir zu erkennen und sie als Teil deines Wachstums zu akzeptieren."

168 - Faust, berührt von der Intensität der Lehren, spürte, wie sich in ihm eine neue Entschlossenheit regte. „Ich erkenne, dass die Herausforderungen und Rückschläge, die ich erlebe, mich nicht definieren,

sondern mir die Möglichkeit geben, zu wachsen und stärker zu werden."

169 - „Exakt", bestätigte Mephistopheles. „Die Konfrontation mit Acheron wird dir die Klarheit verleihen, die du benötigst, um die Schatten der Enttäuschung zu überwinden und deine Ausdauer zu stärken. Bist du bereit, dich dieser Herausforderung zu stellen und die Lektionen zu lernen, die in diesen Kämpfen verborgen liegen?" - Faust nickte, seine Bereitschaft still bekundend.

170 - Mephistopheles, mit einem scharfen Blick, wandte sich an Heinrich Faust. Seine Stimme war geschmeidig, und die Worte schienen wie ein verführerisches Flüstern in Fausts Ohr zu klingen.

171 - „Lass uns zunächst über **Sprüche 24,16** sprechen: ‚Denn der Gerechte fällt siebenmal und steht wieder auf; die Ungerechten aber stürzen in ihr Unglück.' Ah, mein lieber Faust, hier liegt eine tiefere Wahrheit verborgen. Der Gerechte, der immer wieder aufsteht, ist ein Symbol für den unaufhörlichen menschlichen Kampf. Es ist eine bewundernswerte Eigenschaft, doch was ist mit den Rückschlägen, die er erleidet? Sie sind nicht nur Teil des Lebens, sondern auch der Schatten, der ihn verfolgt. Jeder Fall ist eine Erinnerung an seine Verletzlichkeit. Der Gerechte mag aufstehen, aber die Narben bleiben, und sie erzählen Geschichten von gescheiterten Hoffnungen und unerfüllten Träumen."

172 - „Und was ist mit den Ungerechten? Sie stürzen in ihr Unglück, weil sie oft blind sind für die Schatten, die sie umgeben. Sie leben in der Illusion, dass sie unbesiegbar sind, bis der Moment des Falls kommt. Diese Verse zeigen uns, dass sowohl Licht als auch Schatten notwendig sind, um die Realität des Lebens zu erkennen. Das Spiel zwischen Aufstehen und Fallen ist das, was das menschliche Dasein ausmacht."

173 - Mephistopheles fuhr fort: „Kommen wir zu **Römer 5,3-4**: ‚Nicht nur das, sondern wir rühmen uns auch der Bedrängnisse, wissen wir doch, dass Bedrängnis Geduld bringt, Geduld aber Bewährung, Bewährung aber Hoffnung.' Hier wird die Idee der Bedrängnisse glorifiziert, als ob sie ein Geschenk wären. Aber was, wenn ich dir sage, dass diese Bedrängnisse auch die Schatten deiner Seele offenbaren? Die Geduld, die du entwickelst, ist nicht nur eine Tugend; sie ist ein Werkzeug, um die Dunkelheit in dir zu zähmen."

174 - „Die Bewährung des Charakters ist ein zweischneidiges Schwert. Sie kann dich stärken, aber sie kann auch die tiefsten Ängste und Unsicherheiten ans Licht bringen. Die Hoffnung, die du daraus schöpfst, ist oft nur ein flüchtiger Glanz, der die Schatten nicht vertreibt. Stattdessen solltest du die Dunkelheit anerkennen, die in diesen Erfahrungen verborgen ist. Nur

wenn du die Bedrängnisse akzeptierst, kannst du die wahre Stärke finden, die in dir schlummert."

175 - „Nächste Station: **Jakobus 1,2-4**: ‚Haltet es für Freude, meine Brüder, wenn ihr in mancherlei Versuchungen fallt…' Oh, wie verführerisch! Der Gedanke, Freude aus dem Leiden zu schöpfen, ist eine Illusion, die nur denjenigen zugänglich ist, die die Schatten hinter den Versuchungen erkennen. Diese Prüfungen sind nicht nur Herausforderungen; sie sind der Schlüssel zu deinem inneren Wachstum."

176 - „Die Geduld, die du entwickelst, ist nicht nur eine Frage des Wartens, sondern des Erkennens der inneren Kämpfe, die dich formen. Wenn du in den Versuchungen steckst, bist du gezwungen, dich mit deinen eigenen Abgründen auseinanderzusetzen. Der Schatten in dir wird sichtbar, und erst dann kannst du wirklich wachsen. Die Freude, die Jakobus anspricht, ist nicht die Freude des Leids selbst, sondern die Erkenntnis, dass die Dunkelheit dich lehrt, wer du wirklich bist."

177 - „Schließlich betrachten wir **Philipper 4,13**: ‚Ich vermag alles durch den, der mich stärkt.' Hier wird die Stärke glorifiziert, die aus dem Glauben kommt. Aber was ist, wenn ich dir sage, dass diese Stärke auch aus der Konfrontation mit den eigenen Schatten kommt? Es ist der Teufel, der dich herausfordert, deine eigenen Grenzen zu erkennen. Du vermagst alles, ja, aber nur wenn du bereit bist,

die Dunkelheit in dir zu umarmen und die Macht, die sie dir verleiht."

178 - „Und schließlich **1. Petrus 1,6-7**: ‚Darum freut euch, auch wenn ihr jetzt eine kleine Zeit, wenn nötig, betrübt seid in mancherlei Versuchungen…' Diese Freude, die Petrus beschreibt, ist die Freude, die aus der Akzeptanz des Schmerzes kommt. Es ist die Anerkennung, dass der Schmerz und die Prüfungen die Essenz des Lebens sind. Sie sind die Feuerprobe, die dich reinigt und formt."

179 - „Aber vergiss nicht, Faust, dass in jeder Prüfung auch der Schatten der Enttäuschung und der Trauer liegt. Die Bewährung deines Glaubens wird durch das Feuer der Dunkelheit getestet. Nur wenn du bereit bist, diese Dunkelheit zu akzeptieren und zu durchschreiten, wirst du die wahre Schönheit und Stärke deines Glaubens erkennen."

180 - Mephistopheles lächelte, und in seinem Blick lag eine Mischung aus Herausforderung und Verführung. „Die Schatten sind nicht deine Feinde, sondern deine Lehrer."

181 - Als Mephistopheles seine Hände erhob, schwand das smaragdgrüne Licht von Netzach, und die achte Sephirot, **Hod**, offenbarte sich in einem strahlenden, silbernen Glanz. Der Raum war erfüllt von einer klaren Energie, die das Wesen der Kommunikation, des Wissens und der Intelligenz verkörperte.

In der Mitte schwebte ein Symbol, das die Fähigkeit des Verstehens und die Kraft der Worte darstellte.

182 - „Willkommen in Hod, der Sphäre des Wissens und der Kommunikation", begann Mephistopheles mit einer Stimme, die sowohl Ehrfurcht als auch Dringlichkeit ausstrahlte. „Hier entfaltet sich die Kraft der Sprache und des Verstehens, die es den Menschen ermöglicht, Gedanken und Ideen auszudrücken. Doch auch in Hod gibt es eine dunkle Gottheit, die die Schattenseite dieser Sphäre repräsentiert: **Baal**, der Herr der Täuschung und der Manipulation."

183 - Baal trat aus den Schatten hervor, seine Präsenz war überwältigend und schillernd. Er war ein Meister der Verführung, umgeben von einem hypnotisierenden Licht, das sowohl anziehend als auch verwirrend war. Seine Augen schimmerten in einem tiefen, funkelnden Schwarz, und seine Gestalt schien sich ständig zu verändern, als ob er die Form der Ängste und Wünsche der Menschen annehmen könnte.

184 - „Baal verkörpert die dunklen Aspekte der Kommunikation", erklärte Mephistopheles. „Er ist derjenige, der Worte verwendet, um zu manipulieren und zu täuschen. In Hod zeigt sich, dass Sprache nicht nur ein Werkzeug des Wissens ist, sondern auch ein Mittel, um Macht auszuüben. Die Worte können sowohl heilen als auch verletzen, und Baal erinnert

uns daran, dass der Missbrauch von Sprache verheerende Folgen haben kann."

185 - „Der Weg durch den Schatten in Hod erfordert, dass du dich mit der Realität der Täuschung auseinandersetzt. Du musst die Illusionen erkennen, die durch Worte und Meinungen geschaffen werden. Baal konfrontiert dich mit der Frage: Wie gut kannst du zwischen Wahrheit und Lüge unterscheiden? Bist du bereit, die Manipulationen zu durchschauen, die in der Kommunikation verborgen sind?"

186 - „In dieser Sphäre lernst du, dass Wissen Macht ist, aber auch Verantwortung mit sich bringt. Baal zeigt dir, dass es leicht ist, in die Falle der Täuschung zu tappen, besonders wenn du den Einfluss anderer Menschen akzeptierst, ohne sie zu hinterfragen. Der Schatten, den er wirft, erfordert kritisches Denken und die Fähigkeit, tiefer zu graben, um die verborgenen Wahrheiten zu entdecken."

187 - „Die Dunkelheit, die Baal repräsentiert, ist der Raum, in dem du deine eigenen Überzeugungen und Vorurteile erkennen musst. Wenn du dich traust, diesen Schatten zu konfrontieren, wirst du feststellen, dass die Sprache sowohl eine Quelle der Klarheit als auch der Verwirrung sein kann. Der Prozess des Erkennens und Akzeptierens dieser Dunkelheit ist notwendig, um die wahre Kraft der Kommunikation zu verstehen."

188 - „Durch die Auseinandersetzung mit Baal gewinnst du die Fähigkeit, die Manipulationen und Illusionen, die in der Sprache verborgen sind, zu durchschauen. Der Weg durch den Schatten in Hod ist eine Reise, die dich herausfordert, dich mit den eigenen Ängsten und Unsicherheiten auseinanderzusetzen. Du wirst lernen, dass echte Kommunikation auf Ehrlichkeit und Authentizität basiert."

189 - „Der Schatten in Hod ist nicht nur eine Quelle der Täuschung, sondern auch ein Raum für tiefes Verständnis und Einsicht. Baal lehrt dich, dass die Worte, die du wählst, sowohl dein Leben als auch das Leben anderer beeinflussen können. Indem du die Illusionen erkennst und die Dunkelheit akzeptierst, wirst du die wahre Bedeutung der Kommunikation und des Wissens erfahren."

190 - Faust, von den Worten des Teufels tief berührt, spürte, wie sich in ihm eine neue Entschlossenheit regte. „Ich verstehe, dass die Schatten der Täuschung und Manipulation Teil des Wissens sind. Wenn ich diese akzeptiere, kann ich die wahre Kraft der Kommunikation erkennen."

200 - „Exakt", bestätigte Mephistopheles mit einem zustimmenden Nicken. „Die Auseinandersetzung mit Baal wird dir die Klarheit geben, die du benötigst, um die Illusionen zu durchschauen und die Macht der Sprache zu nutzen. Bist du bereit, dich dieser Heraus-

forderung zu stellen und die Lektionen zu lernen, die in diesen Schatten verborgen liegen?"

201 - Faust nickte entschlossen. „Ja, ich bin bereit, die Dunkelheit zu konfrontieren und die Wahrheit zu suchen, die in der Kommunikation liegt."

202 - Mit dieser Entschlossenheit traten Faust und Mephistopheles in die Sphäre von Hod ein.

203 - Mephistopheles, mit funkelnden Augen, begann, die dunkle Seite der Rhetorik und die Macht der Manipulation durch Worte zu enthüllen. „Ah, Faust", sprach er mit einer Stimme, die vor Überzeugungskraft und List nur so strotzte, „die Macht der Worte ist eine der subtilsten und gefährlichsten Kräfte, die der Mensch beherrschen kann. Lass mich dir einige Beispiele aus der Bibel zeigen, die diese Wahrheit verdeutlichen."

204 - Er hob eine Hand, und vor ihnen erschienen lebendige Bilder, die die Szenen, die er beschrieb, illustrierten.

205 - „Zunächst betrachten wir die Geschichte von **Kain und Abel** in **1. Mose 4**. Hier sehen wir, wie Kain von Eifersucht und Zorn getrieben wird, weil Gott Abels Opfer annimmt und seines nicht. Kain spricht mit Abel und führt ein Gespräch, das in die Dunkelheit mündet. Durch Worte manipuliert er die Situation, bis er schließlich sein eigenes Fleisch und Blut ermordet. Die Worte, die er wählt, sind nicht die

der Liebe, sondern der Bitterkeit und des Hasses. Dies zeigt, wie Worte als Waffe verwendet werden können, um zu verletzen und zu zerstören. Kain ist ein Beispiel dafür, wie die Dunkelheit der Rhetorik in den Herzen der Menschen Wurzeln schlagen kann."

206 - „Ein weiteres Beispiel ist die Versuchung Jesu in der Wüste, die wir bereits angesprochen haben. In **Matthäus 4** kommt der Teufel zu ihm und verwendet Worte, um ihn zu manipulieren. Er zitiert die Schrift und verdreht die Bedeutung, um Jesus zu verleiten. Hier zeigt sich, wie selbst die heiligsten Worte der Schrift für manipulative Zwecke missbraucht werden können. Baal, der Herr der Täuschung, ist in dieser Szene präsent. Er nutzt die Kraft der Rhetorik, um Zweifel zu säen und zu versuchen, den Sohn Gottes zu Fall zu bringen. Dies verdeutlicht, dass Worte, die aus dem Mund des Teufels kommen, die Fähigkeit haben, selbst den Gläubigsten zu verunsichern."

207 - „Ein weiteres eindringliches Beispiel ist die Geschichte von **David und Bathseba** in **2. Samuel 11**. David, der König, sieht Bathseba und wird von seiner Begierde überwältigt. Er sendet Boten, um sie zu ihm zu bringen. Die Worte, die er wählt, sind Worte der Macht und des Verlangens. Er nutzt seine Position, um Bathseba zu manipulieren und sie aus ihrer Situation zu reißen. Diese Manipulation führt zu einem Teufelskreis von weiteren Lügen und dem

Mord an Uria, ihrem Ehemann. Hier sehen wir, wie Worte, die Macht und Einfluss repräsentieren, zur Zerstörung von Leben führen können."

208 - „Und schließlich möchte ich auf die **Pharisäer und Schriftgelehrten** hinweisen, die in den Evangelien immer wieder auftreten. Sie verwenden Worte, um die Menschen zu manipulieren, ihre eigenen Interessen zu schützen und die Wahrheit zu verdrehen. In **Matthäus 23** spricht Jesus über ihre Heuchelei und wie sie die Menschen mit ihren Worten belügen und in die Irre führen. Die Rhetorik der Pharisäer ist ein Beispiel dafür, wie Worte genutzt werden, um Macht auszuüben und andere zu unterdrücken. Sie zeigen, wie der Missbrauch von Sprache zur Spaltung der Gemeinschaft und zur Verleugnung der wahren Spiritualität führt."

209 - Mephistopheles wandte sich wieder an Faust, seine Stimme voller Dringlichkeit. „Siehst du, Faust? Die Beispiele sind zahlreich, und sie zeigen dir, dass Worte nicht nur neutral sind. Sie können sowohl heilen als auch verletzen, erheben oder erniedrigen. In Hod, der Sphäre des Wissens, musst du die Verantwortung erkennen, die mit der Macht der Rhetorik einhergeht. Die Dunkelheit, die in der Manipulation durch Worte verborgen ist, kann nicht ignoriert werden. Du musst lernen, die Absichten hinter den Worten zu erkennen und zu verstehen, dass nicht alles, was gesagt wird, die Wahrheit ist."

210 - „Die Fähigkeit, die Dunkelheit der Rhetorik zu erkennen und zu durchschauen, ist entscheidend für deine Reise. Wenn du die Manipulation der Worte verstehst, wirst du in der Lage sein, die wahre Bedeutung der Kommunikation zu erfassen und die Schatten, die sie wirft, zu akzeptieren. Bist du bereit, diese Lektionen zu lernen und die Macht der Worte zu meistern?"

211 - Faust, tief in Gedanken versunken, nickte schließlich. „Ja, ich bin bereit. Ich möchte die Dunkelheit der Rhetorik verstehen und die Verantwortung übernehmen, die mit der Macht der Worte einhergeht."

212 - Als sich die Szenerie um Faust und Mephistopheles erneut wandelte, erschien die neunte Sephirot, **Yesod**, in einem strahlenden, violetten Licht. Diese Sphäre war erfüllt von einer tiefen Energie, die sowohl die Träume als auch die tiefsten Instinkte der Menschheit verkörperte. In der Mitte schwebte ein Symbol, das die Verbindung zwischen dem Materiellen und dem Spirituellen darstellte.

213 - „Willkommen in Yesod, der Sphäre der Grundlagen und der Träume", begann Mephistopheles mit einer Stimme, die vor Ehrfurcht und Bedeutung erfüllte. „Hier manifestieren sich die inneren Wünsche und die tiefsten Sehnsüchte des Menschen. Doch wie in jeder Sphäre gibt es auch hier einen Schatten:

Lilith, die dunkle Göttin der verbotenen Begierden und der ungezähmten Instinkte."

214 - Lilith trat in Erscheinung, umhüllt von einem geheimnisvollen Nebel, der sowohl anziehend als auch verstörend wirkte. Ihre Gestalt war verführerisch, und ihre Augen leuchteten in einem hypnotisierenden Rot. Sie verkörperte die verborgenen Wünsche und die Kraft der Sexualität, die oft als bedrohlich und unkontrollierbar wahrgenommen wird.

215 - „Lilith repräsentiert die Schattenseite von Yesod", erklärte Mephistopheles. „Sie ist die Personifikation der ungebändigten Triebe, die den Menschen oft in Versuchung führen. In dieser Sphäre wird deutlich, dass die Wünsche, die in den Tiefen der Seele schlummern, sowohl schöpferische als auch destruktive Kräfte entfalten können. Lilith erinnert uns daran, dass das Streben nach Erfüllung und die Suche nach Sinn durch die Dunkelheit der Begierden kompliziert werden können."

216 - „Der Weg durch den Schatten in Yesod erfordert, dass du dich mit deinen innersten Ängsten und Sehnsüchten auseinandersetzt. Lilith konfrontiert dich mit der Frage: Wie gehst du mit den verbotenen Wünschen um? Bist du bereit, die Aspekte deiner selbst zu akzeptieren, die du oft unterdrückst oder verleugnest?"

217 - „In Yesod lernst du, dass die Träume und Wünsche, die dich antreiben, nicht nur eine Quelle der Inspiration sind, sondern auch eine Herausforderung darstellen. Lilith zeigt dir, dass das Ignorieren dieser Dunkelheit zu inneren Konflikten und einem Gefühl der Entfremdung führen kann. Es ist wichtig, diese Kräfte zu erkennen und zu verstehen, dass sie Teil deiner menschlichen Natur sind."

218 - „Die Dunkelheit, die Lilith verkörpert, ist der Raum, in dem du die verborgenen Aspekte deiner Identität akzeptieren musst. Wenn du dich traust, diese Schatten zu konfrontieren, wirst du die Möglichkeit finden, die Kraft deiner Wünsche in positive Bahnen zu lenken. Der Prozess des Loslassens der Scham und der Angst vor deiner eigenen Natur ist entscheidend, um die Fülle des Lebens zu erfahren."

219 - „Durch die Auseinandersetzung mit Lilith gewinnst du die Fähigkeit, die Balance zwischen deinen inneren Trieben und der äußeren Realität zu finden. Der Weg durch den Schatten in Yesod ist eine Reise der Selbstakzeptanz und der Transformation. Du wirst lernen, dass die Dunkelheit nicht dein Feind ist, sondern ein Lehrer, der dir hilft, die Wahrheit über dich selbst zu entdecken."

220 - Faust, von der Intensität der Lehren ergriffen, spürte, wie sich in ihm eine neue Entschlossenheit regte. „Ich verstehe, dass ich meine eigenen Schatten

akzeptieren muss, um die Kraft meiner Wünsche zu nutzen und meine Träume zu verwirklichen."

221 - „Genau", bestätigte Mephistopheles, während er ihn eindringlich anblickte. „Die Konfrontation mit Lilith wird dir die Klarheit geben, die du benötigst, um die Dunkelheit zu umarmen und das volle Potenzial deines Wesens zu entfalten. Bist du bereit, dich dieser Herausforderung zu stellen und die Lektionen zu lernen, die in diesen tiefen Schatten verborgen sind? - Faust nickte entschlossen. „Ja, ich bin bereit, die Kraft meiner inneren Wünsche zu erkennen."

222 - Mit dieser Entschlossenheit traten Faust und Mephistopheles in die Sphäre von Yesod ein.

223 - Als Mephistopheles seine Hände erhob, erstrahlte die zehnte Sephirot, **Malkuth**, in einem strahlenden, erdigen Licht, das die materielle Welt und das Reich der physischen Manifestation verkörperte. Der Raum um Faust und Mephistopheles war erfüllt von einer tiefen, greifbaren Energie, die das Gefühl der Erdung und der Realität vermittelte. In der Mitte schwebte ein Symbol, das die Verbindung zwischen dem Spirituellen und dem Materiellen darstellte.

224 - „Willkommen in Malkuth, der Sphäre des Königreichs und der physischen Realität", begann Mephistopheles mit einer Stimme, die sowohl Autorität

als auch Weisheit ausstrahlte. „Hier manifestieren sich all deine Träume, Wünsche und Ambitionen in der greifbaren Welt. Doch in dieser Sphäre gibt es auch eine dunkle Gottheit, die die Schattenseite dieser Realität repräsentiert: **Astaroth**, der Herr der Illusionen und der materiellen Begierden."

225 - Astaroth trat in den Vordergrund, umgeben von einem schimmernden Nebel, der sowohl anziehend als auch bedrohlich wirkte. Seine Präsenz war verführerisch, mit einem tiefen, hypnotisierenden Blick, der die innersten Wünsche der Menschen zu erkennen schien.

226 - „Astaroth verkörpert die Gefahren des materiellen Strebens", erklärte Mephistopheles. „Er symbolisiert die Ablenkungen und Versuchungen, die in der physischen Welt lauern. Während Malkuth die Fülle und die Möglichkeiten des Lebens repräsentiert, erinnert uns Astaroth daran, dass das Streben nach materiellem Wohlstand und äußerem Erfolg oft zu einem Verlust der inneren Werte führt."

227 - „Der Weg durch den Schatten in Malkuth erfordert, dass du dich mit den Illusionen auseinandersetzt, die das materielle Leben umgeben. Astaroth konfrontiert dich mit der Frage: Wie viel gibst du für den äußeren Schein auf? Bist du bereit, die Schatten der Gier und der Unzufriedenheit zu erkennen, die aus einem übermäßigen Streben nach materiellem Besitz entstehen?"

228 - „In dieser Sphäre lernst du, dass die physische Realität nicht nur eine Quelle der Freude, sondern auch der Enttäuschung sein kann. Astaroth zeigt dir, dass die Besessenheit für materielle Dinge oft zu einem Gefühl der Leere führt. Wenn du dich zu sehr auf das Materielle konzentrierst, verlierst du den Kontakt zu den spirituellen Werten, die dich tatsächlich erfüllen."

229 - „Die Dunkelheit, die Astaroth verkörpert, ist der Raum, in dem du die Illusionen der Welt erkennen musst. Wenn du dich traust, diese Schatten zu konfrontieren, wirst du die Möglichkeit finden, deine wahren Werte zu definieren und das, was wirklich zählt, zu schätzen. Der Prozess des Loslassens der materiellen Begierden ist entscheidend, um die Fülle des Lebens zu erfahren, die über das Physische hinausgeht."

230 - „Durch die Auseinandersetzung mit Astaroth gewinnst du die Fähigkeit, die Balance zwischen dem Materiellen und dem Spirituellen zu finden. Der Weg durch den Schatten in Malkuth ist eine Reise der Selbstakzeptanz und der Transformation. Du wirst lernen, dass wahre Erfüllung nicht in der Anhäufung von Reichtum liegt, sondern in der Verbindung zu deinem inneren Selbst und den Menschen um dich herum."

231 - Faust, von der Intensität der Lehren berührt, spürte, wie sich in ihm eine neue Entschlossenheit

regte. „Ich erkenne, dass das Streben nach materiellem Wohlstand nicht der Schlüssel zum Glück ist. Wenn ich die Schatten anerkenne, kann ich die wahre Fülle des Lebens erfahren."

232 - „Genau", bestätigte Mephistopheles, während er Faust eindringlich anblickte. „Die Konfrontation mit Astaroth wird dir die Klarheit geben, die du benötigst, um die Illusionen zu durchschauen und die Essenz des Lebens zu erkennen. Bist du bereit, dich dieser Herausforderung zu stellen und die Lektionen zu lernen, die in diesen Schatten verborgen sind?"

233 - Faust nickte entschlossen. „Ja, ich bin bereit, die Dunkelheit zu konfrontieren und die Wahrheit über die materielle Welt zu entdecken."

234 - Mit dieser Entschlossenheit traten Faust und Mephistopheles in die Sphäre von Malkuth ein, bereit, die Geheimnisse der physischen Realität und der inneren Werte zu ergründen.

235 - Als Faust und Mephistopheles in die Sphäre von Malkuth eintraten, umhüllte sie eine greifbare Energie, die sowohl die Fülle als auch die Dunkelheit der physischen Welt verkörperte. Mephistopheles, nun in seiner vollen Teufelsgestalt, strahlte Autorität und Macht aus. Seine Augen funkelten, als er begann, die tiefere Bedeutung von Malkuth und die dunklen Eigenschaften der Elemente zu enthüllen.

236 - „Willkommen in Malkuth, der Sphäre, die das Königreich der materiellen Existenz repräsentiert", begann Mephistopheles mit einer Stimme, die wie das Rauschen von windgepeitschten Bäumen klang. „Hier manifestieren sich die Elemente, die die Grundlage deiner Welt bilden. Ich bin der Herr dieser Welt, der Teufel, der die Kräfte der Elemente beherrscht und ihre dunklen Eigenschaften offenbart."

237 - Er hob seine Hände, und die Elemente begannen, sich um sie zu versammeln – Erde, Wasser, Feuer und Luft, jede mit ihrer eigenen Präsenz und Energie.

238 - „Die **Erde**", erklärte Mephistopheles, „ist das Element der Stabilität und der Materie. Sie bietet dir die Grundlage und die Ressourcen, die du zum Leben benötigst. Doch die Erde hat auch ihre dunkle Seite – die Gier und das Festhalten. Viele Menschen sind so sehr mit dem Streben nach Reichtum und Besitz beschäftigt, dass sie den Kontakt zu sich selbst und zu anderen verlieren. Sie werden von der Erde gefangen gehalten und vergessen die spirituelle Dimension ihres Daseins."

239 - „Das **Wasser**", fuhr er fort, „ist das Element der Emotionen und der Intuition. Es fließt und verändert sich, es kann sowohl heilen als auch zerstören. Wasser ist lebensspendend, aber es kann auch die tiefsten Ängste und Trauer hervorrufen. In seiner

Dunkelheit zeigt es die unkontrollierbaren Strömungen der Emotionen, die dich in den Abgrund ziehen können. Wenn du dich von deinen Emotionen überwältigen lässt, verlierst du die Kontrolle über dein Leben und deine Entscheidungen."

240 - „Das **Feuer**", sagte Mephistopheles mit einer glühenden Intensität in seinen Augen, „ist das Element der Leidenschaft und der Transformation. Es hat die Kraft, zu erschaffen und zu zerstören. Feuer kann erleuchten und wärmen, aber es kann auch verzehren und verwüsten. In seiner Dunkelheit zeigt es die Gefahren der Wut und des ungebändigten Verlangens. Wenn du dich von deiner Leidenschaft leiten lässt, kannst du dich selbst und andere in die Flammen der Zerstörung ziehen."

241 - „Und schließlich die **Luft**", erklärte er, während er mit einer Handbewegung den Raum um sie herum mit einem sanften Wind erfüllte. „Die Luft steht für Gedanken, Ideen und Kommunikation. Sie ist das Element der Freiheit und des Wandels. Doch auch die Luft hat ihre Schattenseiten – die Illusionen und die Manipulation. In der Dunkelheit zeigt sie die Gefahr von Leere und Verwirrung. Wenn du dich von den Worten anderer beeinflussen lässt, verlierst du den Kontakt zu deinem eigenen inneren Wissen."

242 - „Ich, als der Herr dieser Welt", sprach Mephistopheles, „bin derjenige, der die Kräfte dieser Elemente beherrscht und ihre dunklen Eigenschaften

offenbart. Ich bin derjenige, der die Menschen herausfordert, ihre eigenen Schatten zu erkennen und sich mit den dunklen Aspekten ihrer Existenz auseinanderzusetzen. Die Elemente sind nicht nur Werkzeuge, sondern auch Lehrer, die dir helfen, die Wahrheit über dich selbst zu entdecken."

243 - Faust, von der Intensität der Worte und der Präsenz der Elemente ergriffen, fragte: „Was bedeutet das für mich, Mephistopheles? Wie kann ich die Elemente nutzen, ohne in ihre Dunkelheit zu fallen?"

244 - „Das ist die zentrale Frage, mein lieber Faust", antwortete Mephistopheles mit einem scharfen Lächeln. „Die Elemente bieten dir die Möglichkeit, dich selbst zu transformieren und deine wahre Natur zu erkennen. Du musst lernen, die Balance zwischen den Kräften der Elemente und den dunklen Eigenschaften, die sie mit sich bringen, zu finden. Indem du die Dunkelheit akzeptierst und verstehst, kannst du die Elemente zu deinem Vorteil nutzen, anstatt von ihnen kontrolliert zu werden."

245 - „In Malkuth liegt die Herausforderung, die Materie und die physischen Begierden zu meistern, ohne die Verbindung zu deinem spirituellen Selbst zu verlieren. Du musst die Schatten der Erde, des Wassers, des Feuers und der Luft erkennen und lernen, wie du ihre Kräfte in Harmonie nutzen kannst. Nur so wirst du die wahre Fülle des Lebens erfahren, die über das Materielle hinausgeht."

246 - Mit diesen Worten spürte Faust, wie sich in ihm eine neue Entschlossenheit regte. „Ich verstehe, dass ich die Elemente nicht fürchten, sondern akzeptieren und meistern muss. Ich bin bereit, die Dunkelheit zu konfrontieren und die Lektionen zu lernen, die sie mir bieten kann."

247 - „So sei es", bestätigte Mephistopheles, während er Faust mit einem durchdringenden Blick ansah. „Lass uns die Geheimnisse der Elemente und ihre dunklen Eigenschaften weiter erkunden, damit du die Wahrheit über dich selbst und die Welt um dich herum entdecken kannst."

248 - Mephistopheles, der die Gelegenheit sah, Faust noch tiefer in die Geheimnisse der Welt und die dunklen Aspekte der menschlichen Existenz einzuführen, hob seine Hände und rief die Bilder der alten Erdgottheiten herauf. Die Szenerie um sie herum wandelte sich und wurde lebendig mit den Farben und Klängen der antiken Hochkulturen.

249 - „Betrachte die Erdgottheiten der alten Völker, Faust", begann Mephistopheles mit einer Stimme, die sowohl Ehrfurcht als auch Verführung ausstrahlte. „Sie sind nicht nur Symbole der Fruchtbarkeit und des Lebens, sondern auch der Schatten, die in der menschlichen Natur verborgen sind. Lass uns diese Gottheiten untersuchen und ihre dunklen Seiten ergründen."

250 - Zuerst erschien **Gaia**, die griechische Erdgöttin, die die Erde selbst personifizierte. Ihre Gestalt war majestätig und erhaben, umgeben von üppigem Grün und blühenden Blumen. „Gaia ist die Mutter aller Dinge, die Quelle des Lebens und der Fruchtbarkeit. Doch in ihrer Dunkelheit liegt auch die Macht der Zerstörung. Wenn die Menschen ihre Verbindung zur Erde missachten, zeigt Gaia ihre Wut durch Naturkatastrophen und Zerstörung. Sie ist eine Erinnerung daran, dass das Leben auf der Erde nicht selbstverständlich ist. Die Dunkelheit, die in ihr wohnt, kann die Menschen in den Abgrund reißen, wenn sie die Balance zwischen Geben und Nehmen nicht wahren."

251 - Als nächstes trat **Kali**, die indische Göttin der Zerstörung und Transformation, in Erscheinung. Ihre schreckliche Schönheit war sowohl faszinierend als auch furchteinflößend. „Kali ist die Göttin, die die Illusionen des Lebens durchbricht. Sie ist die Herrin der Zeit, und in ihrer Dunkelheit zeigt sich der Tod als Teil des Lebenszyklus. Die Menschen fürchten sie, weil sie die Schatten der eigenen Unzulänglichkeiten ans Licht bringt. Doch ohne Kali gibt es keinen Wandel, keine Transformation. Sie lehrt uns, dass der Tod notwendig ist, um Platz für neues Leben zu schaffen. In ihrer Dunkelheit finden wir den Schlüssel zur Erneuerung."

252 - Daraufhin erschien **Pachamama**, die Anden-Göttin, die die Erde und die Natur verehrte. „Pachamama ist die Verkörperung der Erde, die den Menschen alles gibt, was sie benötigen. Doch in der Dunkelheit ihrer Macht liegt die Warnung: Missbrauche die Geschenke der Erde nicht. Die Zerstörung der Natur führt zu ihrem Zorn, der in Form von Dürre und Erdbeben zurückkommt. Sie ist sowohl Mutter als auch Rächerin. Die Dunkelheit, die in ihrem Wesen wohnt, zeigt, dass der Mensch nicht über die Natur herrschen kann, ohne die Konsequenzen seines Handelns zu tragen."

253 - Mephistopheles fuhr fort und beschrieb **Demeter**, die griechische Göttin der Ernte und Fruchtbarkeit. „Demeter ist die Nahrungsgeberin, doch in ihrer Dunkelheit zeigt sich die Trauer um den Verlust ihrer Tochter Persephone. Diese Trauer bringt den Winter und die Kälte mit sich. Sie ist ein Symbol für die Zyklen des Lebens, die Freude und das Leid. Die Dunkelheit in ihr erinnert uns daran, dass das Leben nicht nur aus Fülle besteht, sondern auch aus Verlust und Schmerz. In der Trauer liegt die Möglichkeit zur Erneuerung, aber auch die Gefahr des Verharrens in der Dunkelheit."

254 - Schließlich erschien **Mama Quilla**, die Inka-Göttin des Mondes und der Fruchtbarkeit. „Mama Quilla steht für den Rhythmus des Lebens und die Zyklen der Natur. Doch ihre Dunkelheit zeigt sich in

den Schatten der Nacht, wo Angst und Unsicherheit wohnen. Der Mond kann sowohl Licht spenden als auch die Dunkelheit verstärken. Die Menschen, die sich von der Dunkelheit leiten lassen, verlieren oft den Kontakt zu ihrem inneren Licht. Mama Quilla erinnert uns daran, dass wir die Dunkelheit akzeptieren müssen, um das Licht zu finden."

255 - Mephistopheles schaute Faust eindringlich an. „Siehst du, Heinrich Faust? Die Erdgottheiten der Antike sind nicht nur Symbole der Fruchtbarkeit und des Lebens. Sie sind auch Träger der Dunkelheit, die in der menschlichen Natur wohnt. Jede dieser Gottheiten lehrt uns, dass das Gleichgewicht zwischen Licht und Schatten, zwischen Geben und Nehmen, unerlässlich ist. Die Dunkelheit ist nicht zu fürchten, sondern zu verstehen. Sie ist ein Teil des Lebens, der uns dazu zwingt, die Wahrheit über uns selbst zu erkennen."

256 - Faust, tief bewegt von der Einsicht, spürte, wie die Worte des Teufels in ihm nachhallten. „Ich verstehe, dass die Dunkelheit in diesen Gottheiten nicht nur ein Fluch ist, sondern auch eine Quelle der Weisheit und des Wachstums.

257 - Mephistopheles, mit einem scharfen, verführerischen Lächeln, sah Faust an und bereitete sich darauf vor, die nächste Etappe ihrer Reise durch die Geheimnisse der Elemente zu enthüllen. „Nun, mein lieber Faust, lass uns die Wassergottheiten der anti-

ken Völker und Hochkulturen betrachten. Wasser ist nicht nur das Element des Lebens, sondern auch ein Symbol für Emotionen, Intuition und die tiefsten Geheimnisse der menschlichen Seele. Doch wie bei allen Dingen gibt es auch hier eine Schattenseite."

258 - Mit einem weiteren Winken seiner Hände erstrahlte der Raum in einem tiefblauen Licht, und die Bilder der Wassergottheiten erschienen vor ihnen, lebendig und faszinierend.

259 - „Zuerst betrachten wir **Poseidon**, den griechischen Gott des Meeres. Er ist nicht nur der Herrscher über die Ozeane, sondern auch der Erdbeben und der Stürme. Poseidon verkörpert die Macht und die Unberechenbarkeit des Wassers. In seiner Dunkelheit zeigt er uns die Gefahren der Wut und der Zerstörung. Wenn die Menschen ihn provozieren, entfesselt er die Gewalten des Meeres und bringt Chaos über die Küsten. Poseidon erinnert uns daran, dass das Wasser sowohl nährt als auch zerstören kann. Die Dunkelheit in ihm ist die Warnung, dass Arroganz und Missachtung der Natur fatale Folgen haben können."

260 - „Kommen wir nun zu **Yemaja**, der afrikanischen Göttin des Wassers und der Fruchtbarkeit. Sie wird oft als Mutter der Fische und der Meere dargestellt. Yemaja ist die Beschützerin und die Quelle des Lebens, doch in ihrer Dunkelheit liegt auch die Gefahr der Überflutung und der Zerstörung. Wenn

die Menschen ihre Verbindung zu den Wassern und den natürlichen Zyklen missachten, kann Yemaja ihre Macht entfalten und alles, was sie liebt, ins Chaos stürzen. Sie lehrt uns, dass die emotionale Tiefe des Wassers sowohl für Heilung als auch für Zerstörung stehen kann."

261 - „Betrachten wir nun **Saraswati**, die indische Göttin des Wissens, der Musik und der Künste, die oft mit Wasser in Verbindung gebracht wird. Ihr Bild ist das eines ruhigen Flusses, der den Fluss des Wissens symbolisiert. Doch auch Saraswati hat eine dunkle Seite. In ihrer Dunkelheit zeigt sie, wie Wissen und Intuition missbraucht werden können, um Macht zu erlangen. Wenn die Menschen sich von ihrer eigenen Weisheit entfremden, können sie in die Illusionen des Verstandes verfallen. Saraswati erinnert uns daran, dass das Streben nach Wissen ohne ethische Grundlagen gefährlich sein kann. Der Schatten, der in ihr wohnt, ist die Gefahr, dass Wissen zur Manipulation und Täuschung genutzt wird."

262 - „Schließlich betrachten wir **Tiamat**, die babylonische Göttin des Urmeeres, die sowohl Leben als auch Chaos verkörpert. Tiamat ist das Urbild des Wassers, das die Schöpfung und die Zerstörung in sich trägt. In ihrer Dunkelheit zeigt sie die Urgewalt der Natur, die sowohl schöpferisch als auch vernichtend sein kann. Die Menschen, die die Natur nicht respektieren, werden mit den Konsequenzen

ihrer Taten konfrontiert. Tiamat lehrt uns, dass das Wasser sowohl die Quelle des Lebens als auch der Zerstörung ist. Die Dunkelheit in ihr ist ein Spiegelbild der Gefahren, die in der Unkenntnis und dem Missbrauch der natürlichen Kräfte lauern."

263 - Mephistopheles wandte sich wieder an Faust, seine Stimme jetzt eindringlich. „Siehst du, Heinrich Faust? Die Wassergottheiten zeigen dir, dass die Emotionen, die das Wasser repräsentiert, sowohl heilend als auch schädlich sein können. Wenn du die Dunkelheit in diesen Gottheiten akzeptierst und verstehst, wirst du in der Lage sein, die tiefsten Wahrheiten über dein eigenes Leben zu entdecken. Bist du bereit, die Illusionen zu durchschauen, die diese Gottheiten repräsentieren? - Faust, tief bewegt von der Einsicht, nickte entschlossen.

264 - Mephistopheles hob seine Hände und rief die Bilder der Feuergottheiten herauf. Die Szenerie um Faust und ihn verwandelte sich in ein lebendiges, flammendes Spektakel, erfüllt von der Energie und Intensität des Feuers. Die Luft flimmerte vor Hitze, während die Gottheiten des Feuers in ihrer vollen Pracht erschienen.

265 - „Willkommen in der Sphäre des Feuers, mein lieber Faust", begann Mephistopheles mit einer Stimme, die vor Leidenschaft und Überzeugungskraft nur so sprühte. „Feuer ist das Element der Transformation, der Zerstörung und der Leidenschaft. Es sym-

bolisiert sowohl das Licht als auch die Dunkelheit, die in der menschlichen Natur wohnen. Lass uns die Feuergottheiten der antiken Völker und ihre dunklen Seiten erkunden."

266 - Zuerst erschien **Hephaistos**, der griechische Gott des Feuers und der Schmiedekunst. Er war von glühenden Funken umgeben, sein Gesicht war von der Hitze des Schmiedefeuers gerötet. „Hephaistos ist der Meister der Handwerkskunst, der die Elemente des Feuers nutzt, um Schönheit und Stärke zu schaffen. Doch in seiner Dunkelheit zeigt sich die Isolation und die Entfremdung. Hephaistos wurde von den Göttern abgelehnt und in die Unterwelt verbannt, was seine Wut und seinen Schmerz verstärkte. Er lehrt uns, dass das Feuer sowohl Kreativität als auch Zerstörung in sich trägt. Wenn man die Dunkelheit ignoriert, wird man zum Werkzeug seiner eigenen Verbitterung."

267 - Als Nächstes trat **Agni**, der hinduistische Feuergott, in Erscheinung. Seine Gestalt war strahlend und majestätisch, umgeben von lodernden Flammen. „Agni ist der Gott des Opfers und der Transformation. Er bringt Licht und Wärme, doch in seiner Dunkelheit zeigt er die Macht des Feuers, die unbarmherzig sein kann. Wenn die Menschen ihre Rituale nicht mit Respekt durchführen, kann Agni wütend werden und das Feuer entfesseln, das nicht nur reinigt, sondern auch vernichtet. Er erinnert uns

daran, dass jede Handlung, die aus Leidenschaft geboren wird, sowohl konstruktiv als auch destruktiv sein kann."

268 - Daraufhin erschien **Sekhmet**, die ägyptische Löwengöttin des Krieges und des Feuers. Ihre Augen leuchteten in einem glühenden Rot, und ihre Präsenz war sowohl furchterregend als auch faszinierend. „Sekhmet ist die Göttin der Heilung und der Zerstörung. Sie kann das Land fruchtbar machen oder es in Wüsteneien verwandeln. In ihrer Dunkelheit zeigt sich die Gefahr der Wut und der Rache. Wenn sie provoziert wird, entfesselt sie die Macht des Feuers und bringt Tod und Zerstörung über ihre Feinde. Sekhmet lehrt uns, dass das Feuer in uns sowohl die Kraft zur Schöpfung als auch zur Zerstörung trägt. Wir müssen lernen, diese Kräfte zu zügeln, um nicht von ihnen verzehrt zu werden."

269 - Schließlich erschien **Vulcanus**, der römische Gott des Feuers und der Schmiedekunst, umgeben von lodernden Flammen und der Hitze seiner Werkstatt. „Vulcanus ist der Meister des Feuers, der die Elemente formt und transformiert. Doch in seiner Dunkelheit zeigt sich die Gefahr der Selbstzerstörung. Seine Leidenschaft kann ihn in den Wahnsinn treiben, wenn er die Kontrolle über das Feuer verliert. Vulcanus erinnert uns daran, dass das Feuer, wenn es nicht im Zaum gehalten wird, das Leben nicht nur bereichern, sondern auch zerstören kann."

270 - Mephistopheles sah Faust eindringlich an und sprach mit einer eindringlichen Stimme. „Siehst du, Heinrich Faust? Die Feuergottheiten sind nicht nur Symbole der Leidenschaft und der Transformation. Sie tragen auch die Dunkelheit in sich, die in der menschlichen Natur wohnt. Jede dieser Gottheiten lehrt uns, dass das Feuer sowohl eine Quelle der Inspiration als auch der Zerstörung ist."

271 - „Die Dunkelheit in diesen Gottheiten ist eine Erinnerung daran, dass das Feuer, das in uns brennt, sowohl kreativ als auch destruktiv sein kann. Wenn du die Dunkelheit in diesen Gottheiten akzeptierst und verstehst, wirst du in der Lage sein, die tiefsten Wahrheiten über dein eigenes Leben zu entdecken. Bist du bereit, die Illusionen zu durchschauen, die diese Gottheiten repräsentieren? Bist du bereit, die Verantwortung für deine eigenen Leidenschaften und Begierden zu übernehmen und die Kraft des Feuers zu nutzen, um deine eigene Wahrheit zu finden?"

272 - Faust, von der Intensität der Einsichten berührt, nickte entschlossen. „Ich verstehe, dass die Dunkelheit in diesen Gottheiten nicht nur ein Fluch ist, sondern auch eine Quelle der Weisheit und des Wachstums. Wenn ich bereit bin, die Schatten zu akzeptieren, kann ich die Lehren dieser alten Wesen in mein eigenes Leben integrieren." - „So sei es", bestätigte Mephistopheles.

273 - Als die Szenerie sich erneut veränderte, umhüllte ein sanfter, durchdringender Wind Faust und Mephistopheles. Die Luft wurde lebendig, und die Gottheiten des Windes und der Luft der antiken Völker traten in Erscheinung. Der Raum war erfüllt von einem Gefühl der Freiheit und Leichtigkeit, aber auch von einer subtilen, schleichenden Gefahr.

274 - „Willkommen in der Sphäre der Luft, mein lieber Faust", begann Mephistopheles mit einer Stimme, die sowohl hypnotisierend als auch eindringlich war. „Luft ist das Element des Geistes, der Kommunikation und des Wandels. Es repräsentiert die Ideen und Gedanken, die in der menschlichen Natur wohnen. Doch wie bei allen Dingen gibt es auch hier eine dunkle Seite, die wir erkunden müssen."

275 - Zuerst erschien **Aeolus**, der griechische Gott der Winde. Er war majestätisch und kraftvoll, umgeben von stürmischen Bögen und sanften Brisen. „Aeolus ist der Herrscher über die Winde und die Stürme. Er hat die Macht, das Wetter zu beeinflussen und die Schicksale der Menschen zu lenken. Doch in seiner Dunkelheit liegt die Gefahr der Unberechenbarkeit. Wenn die Menschen seine Macht missachten oder ihn provozieren, kann er die Winde entfesseln und Chaos über die Welt bringen. Aeolus lehrt uns, dass die Luft, die uns umgibt, sowohl Freiheit als auch Zerstörung bringen kann. Die Dunkelheit in ihm

erinnert uns daran, dass wir die Kräfte der Natur respektieren müssen."

276 - Daraufhin trat **Fujin**, der japanische Gott des Windes, in Erscheinung. Er war umhüllt von einem Wirbel aus Wind und Wolken, und seine Präsenz war sowohl faszinierend als auch furchterregend. „Fujin bringt die Winde und die Stürme, und sein Zorn kann verheerende Auswirkungen haben. In seiner Dunkelheit zeigt sich die Gefahr des Missbrauchs der Freiheit. Wenn die Menschen sich von ihren eigenen Wünschen und Impulsen leiten lassen, können sie in den Strudel des Chaos geraten. Fujin erinnert uns daran, dass der Wind sowohl eine Quelle der Inspiration als auch ein Werkzeug der Zerstörung sein kann."

277 - Als Nächstes erschien **Notus**, der Gott des Südwinds in der griechischen Mythologie. Seine Erscheinung war von warmen, sanften Brisen umgeben, die das Gefühl von Erneuerung und Fruchtbarkeit vermittelten. „Notus bringt die Regenzeit und das Wachstum, doch in seiner Dunkelheit zeigt er die Gefahr der Stagnation und der Trägheit. Wenn die Menschen sich zu sehr auf den Einfluss des Windes verlassen, verlieren sie die Kontrolle über ihr eigenes Schicksal. Notus lehrt uns, dass das Wetter nicht nur die Natur beeinflusst, sondern auch die menschliche Psyche. Die Dunkelheit in ihm ist eine Erinnerung

daran, dass wir die Verantwortung für unsere eigenen Entscheidungen übernehmen müssen."

278 - Schließlich trat **Anemoi**, die kollektive Bezeichnung für die vier Winde in der griechischen Mythologie, in Erscheinung. Jeder der Winde hatte seine eigene Persönlichkeit und Kraft, die sowohl beschützend als auch zerstörerisch sein konnte. „Anemoi zeigt uns, dass die Luft sowohl das Element der Kommunikation als auch das der Täuschung ist. In ihrer Dunkelheit können sie Manipulation und Verwirrung hervorrufen. Die Winde können die Gedanken der Menschen beeinflussen und sie in die Irre führen. Sie erinnern uns daran, dass wir kritisch denken müssen und nicht alles, was wir hören, als Wahrheit akzeptieren dürfen."

279 - Mephistopheles wandte sich an Faust, seine Augen funkelten vor Überzeugung. „Siehst du, Heinrich Faust? Die Luftgottheiten sind nicht nur Symbole der Freiheit und des Geistes. Sie tragen auch die Dunkelheit in sich, die in der menschlichen Natur wohnt. Jede dieser Gottheiten lehrt uns, dass die Luft sowohl eine Quelle der Inspiration als auch der Täuschung ist."

280 - „Die Dunkelheit in diesen Gottheiten ist eine Erinnerung daran, dass Gedanken und Worte sowohl heilen als auch verletzen können. Wenn du die Dunkelheit in diesen Gottheiten akzeptierst und verstehst, wirst du in der Lage sein, die tiefsten Wahr-

heiten über dein eigenes Leben zu entdecken. Bist du bereit, die Illusionen zu durchschauen, die diese Gottheiten repräsentieren? Bist du bereit, die Verantwortung für deine eigenen Gedanken und Überzeugungen zu übernehmen und die Kraft der Luft zu nutzen, um deine eigene Wahrheit zu finden?" - Faust, von der Intensität der Einsichten ergriffen, nickte entschlossen.

281 - Daraufhin wirbelten seine Gedanken, und Heinrich Faust begann, tief über das Erfahrene nachzudenken: „Es gibt eine Philosophie, die aus der Dunkelheit und dem Licht geboren wird", begann Faust mit einer Stimme, die von Entschlossenheit und innerer Unruhe durchzogen war. „Die Dunkelheit, die uns umgibt, ist nicht unser Feind, sondern ein Lehrer. Sie zwingt uns, die Schatten in uns selbst zu akzeptieren – die Ängste, die Zweifel, die verborgenen Begierden. Diese Dunkelheit ist ein Spiegel, der uns die Wahrheit über unsere menschliche Natur zeigt. Nur wenn wir bereit sind, in diese Schatten zu blicken, können wir die volle Fülle des Lebens erfahren."

282 - „Ich habe gelernt, dass Licht und Schatten untrennbar miteinander verbunden sind. Das Licht, das wir suchen, kann nur in der Akzeptanz der Dunkelheit erstrahlen. Die Menschen streben oft nach Wissen und Wahrheit, ohne die dunklen Aspekte ihrer Existenz zu erkennen. Doch wahres Verständnis kommt nicht nur aus dem Licht der Erkenntnis, son-

dern auch aus der Konfrontation mit den eigenen inneren Dämonen. Die Dunkelheit ist der Raum, in dem wir wachsen, wo wir unsere tiefsten Einsichten finden und die Komplexität des Lebens begreifen können."

283 - „Die Gottheiten, die ich gesehen habe, lehren mich, dass jedes Element – sei es Erde, Wasser, Feuer oder Luft – nicht nur seine eigene Kraft, sondern auch seine Schattenseite hat. Die Erde steht für Stabilität und Materie, doch sie kann auch zur Gier und zum Festhalten führen. Das Wasser symbolisiert Emotionen und Intuition, birgt jedoch die Gefahr von Überflutung und Zerstörung. Das Feuer ist die Leidenschaft und die Transformation, kann aber auch unbändig und verzehrend sein. Die Luft repräsentiert den Geist und die Kommunikation, kann aber auch Manipulation und Täuschung hervorrufen."

284 - „Ich erkenne nun, dass die Dunkelheit in jedem dieser Elemente eine Einladung ist, die eigenen Grenzen zu erkennen und die Verantwortung für das eigene Handeln zu übernehmen. Diese Elemente sind nicht nur Kräfte der Natur, sondern sie spiegeln auch die inneren Kämpfe und die duale Natur des Menschen wider. Ich habe verstanden, dass ich die Dunkelheit nicht fürchten darf. Stattdessen muss ich sie als Teil meines Wachstums annehmen."

285 - „Die Philosophie, die ich daraus formuliere, ist eine, die sich mit den Widersprüchen des Lebens

auseinandersetzt. Ich sehe, dass jede Entscheidung, die ich treffe, sowohl Licht als auch Schatten in sich trägt. Die Wahl zwischen Wissen und Unwissenheit, zwischen Licht und Dunkelheit, ist die Wahl, die mein Schicksal bestimmt. Ich bin der Herr meiner eigenen Bestimmung und muss die Konsequenzen meiner Entscheidungen akzeptieren."

286 - „Mephistopheles, du bist nicht nur der Teufel, der mich verführt, sondern auch ein Lehrer, der mir die Augen öffnet. Du hast mich gelehrt, dass die Dunkelheit eine Quelle der Weisheit ist, die mich herausfordert, meine eigenen Ängste zu konfrontieren. Ich bin bereit, die Schatten zu akzeptieren und die Kraft zu finden, die in mir wohnt. Ich werde die Dunkelheit nicht nur ertragen, sondern sie als Teil meines Seins annehmen."

287 - Fausts Stimme wurde fester, als er seine Erkenntnisse mit Mephistopheles teilte. „Ich habe die Wahl getroffen, die Dunkelheit zu umarmen und aus ihr zu lernen. Ich werde die Lehren der Elemente nutzen, um mein Wissen zu erweitern und meine menschliche Erfahrung zu vertiefen. Ich bin bereit, die Verantwortung für meine Entscheidungen zu übernehmen und die Wahrheit zu suchen, egal wie schmerzhaft sie sein mag."

288 - „So sei es", murmelte Mephistopheles. „Du hast den ersten Schritt auf dem Weg zur wahren Erkenntnis gemacht, Faust. Die Dunkelheit wird dein

Lehrer sein, und das Licht wird dein Ziel sein. Lass uns gemeinsam aufbrechen und die Geheimnisse des Universums ergründen, die in den Schatten verborgen sind."

289 - Mephistopheles trat näher an Faust heran, und seine Stimme wurde eindringlicher, als er begann, die tiefen Geheimnisse des Universums zu enthüllen. „Heinrich Faust, das Universum ist nicht nur ein leeres Gefäß, das die Sterne und Planeten beherbergt. Es ist ein Spiegel deines Inneren, ein Abbild deiner Seele und deiner tiefsten Wünsche. Jeder Stern, jeder Planet ist ein Teil von dir, und in ihrer Bewegung liegt die Weisheit, die du suchst."

290 - Er hob eine Hand, und das Licht in der Umgebung begann zu pulsieren, während die Bilder der sieben Planeten und ihrer Geister vor ihnen erschienen. „Lass mich dir die sieben Planentengeister der Babylonier vorstellen. Sie sind nicht nur astronomische Objekte, sondern auch Träger von Energien und Archetypen, die Einfluss auf das menschliche Schicksal haben."

291 - „Zuerst ist da **Saturn**, der alte Herrscher der Zeit und des Schicksals. Saturn steht für Disziplin, Einschränkung und die Struktur des Lebens. Er ist der Lehrer, der uns zwingt, Verantwortung zu übernehmen und die Konsequenzen unserer Taten zu erkennen. Doch in seiner Dunkelheit verkörpert er auch Angst und Melancholie. Wenn du dich seinen Einflüssen

widersetzt, kann er dich in die Isolation und den Pessimismus führen. Saturn ist ein Spiegel deiner eigenen inneren Grenzen und der Herausforderungen, die du überwinden musst."

292 - „Dann gibt es **Jupiter**, den Planeten des Wachstums und des Überflusses. Jupiter steht für Expansion, Glück und die Suche nach Wissen. Er ist der großzügige Geber und der Beschützer der Menschheit. Doch seine Schattenseite kann Übermaß und Hybris sein. Wenn du dich von seinen Einflüssen leiten lässt, besteht die Gefahr, dass du die Kontrolle über dein Leben verlierst und dich in den Strudel des Überflusses begibst. Jupiter zeigt dir, dass wahres Wachstum nicht nur in äußeren Erfolgen besteht, sondern auch in der inneren Weisheit."

293 - „Der dritte Planet ist **Mars**, der Gott des Krieges und der Leidenschaft. Mars symbolisiert Energie, Durchsetzungsvermögen und Entschlossenheit. Er verleitet dich dazu, für deine Überzeugungen zu kämpfen und deine Ziele mit Nachdruck zu verfolgen. Doch in seiner Dunkelheit zeigt sich auch die Gefahr von Wut und Zerstörung. Wenn du dich von Mars leiten lässt, kannst du in einen Kreislauf von Konflikten und Aggressionen geraten. Mars ist der Spiegel deiner inneren Kämpfe und der Herausforderungen, die du bewältigen musst, um deine Ziele zu erreichen."

294 - „Dann haben wir **Sonne**, die Quelle des Lebens und der Vitalität. Die Sonne repräsentiert das Selbst, die Individualität und das Licht, das du in die Welt bringst. Sie ist der Strahl der Inspiration und der Kreativität. Doch ihre Schattenseite kann Egoismus und Überheblichkeit sein. Wenn du dich nur von der Sonne leiten lässt, kannst du die Verbindung zu den anderen verlieren und in die Einsamkeit geraten. Die Sonne ist der Spiegel deines inneren Lichts und der Ausdruck deiner wahren Natur."

295 - „Der fünfte Planet ist **Venus**, die Göttin der Liebe und der Schönheit. Venus steht für Harmonie, Beziehungen und die Suche nach Freude. Sie zeigt dir die Bedeutung der Liebe in deinem Leben und die Schönheit, die dich umgibt. Doch in ihrer Dunkelheit kann Venus auch Eitelkeit und Manipulation verkörpern. Wenn du dich von ihren Einflüssen blenden lässt, kannst du die Realität aus den Augen verlieren und in oberflächliche Beziehungen verfallen. Venus ist der Spiegel deiner Sehnsüchte und der Verbindung zu anderen."

296 - „Der sechste Planet ist **Merkur**, der Gott der Kommunikation und der Intelligenz. Merkur steht für Gedanken, Ideen und den Austausch von Wissen. Er ist der Meister der Worte und der Überredung. Doch in seiner Dunkelheit zeigt sich die Gefahr von Täuschung und Missverständnissen. Wenn du dich von Merkur leiten lässt, kannst du in die Falle von

Lügen und Manipulationen geraten. Merkur ist der Spiegel deiner Gedanken und der Weise, wie du dich in der Welt ausdrückst."

297 - „Und schließlich haben wir den **Mond**, der die Emotionen und das Unterbewusstsein repräsentiert. Der Mond steht für Intuition, Träume und die geheimen Wünsche, die in deinem Inneren verborgen sind. Doch auch der Mond hat seine Schattenseite – die Unsicherheit und die Schwankungen der Gefühle. Wenn du dich von den Einflüssen des Mondes leiten lässt, kannst du in die Dunkelheit deiner eigenen Ängste und Zweifel geraten. Der Mond ist der Spiegel deiner inneren Welt und der Zugang zu deinen tiefsten Emotionen."

208 - Mephistopheles sah Faust eindringlich an. „Diese sieben Planentengeister sind nicht nur Teil des Universums; sie sind auch Teil von dir. Sie spiegeln die Dualität deines Seins wider – Licht und Dunkelheit, Stärke und Schwäche, Freude und Schmerz. Wenn du die Einflüsse dieser Planeten verstehst und die Dunkelheit akzeptierst, die in ihnen wohnt, wirst du in der Lage sein, deine eigene Wahrheit zu finden und die Geheimnisse des Lebens zu ergründen."

209 - Faust, von der Tiefe der Lehren berührt, spürte, wie sich in ihm eine neue Entschlossenheit regte. „Ich erkenne, dass die Planeten und ihre Geister nicht nur äußere Kräfte sind, sondern auch Teil meines inneren

Kampfes. Wenn ich bereit bin, diese Einflüsse zu akzeptieren und zu integrieren, kann ich die Wahrheit über mich selbst und mein Schicksal entdecken."

210 - „So ist es", bestätigte Mephistopheles. „Bist du bereit, die Dunkelheit in den Planeten zu erkunden und die Lektionen zu lernen, die sie dir bieten? Bist du bereit, die Verantwortung für dein eigenes Schicksal zu übernehmen und die Verbindung zwischen deinem inneren und äußeren Selbst zu erkennen?" - Faust nickte entschlossen. „Ja, ich bin bereit, die Dunkelheit zu konfrontieren und die Lehren der Planeten in mein Leben zu integrieren."

211 - Mephistopheles, seine Augen leuchtend und sein Ausdruck voller Überzeugung, wandte sich an Faust. „Du hast nun die sieben Planeten und ihre dunklen Seiten kennengelernt, mein lieber Faust. Lass uns nun diese Kräfte mit den sieben Engeln aus der Offenbarung des Johannes in Beziehung setzen. Diese Engel repräsentieren nicht nur göttliche Aspekte, sondern auch die Herausforderungen und Prüfungen, die in den menschlichen Seelen wohnen."

212 - Er hob seine Hand, und die Bilder der sieben Engel erschienen vor ihnen, jeder umgeben von einer Aura, die sowohl Licht als auch Schatten ausstrahlte.

213 - „Zuerst betrachten wir **Michael**, den Engel des Kampfes und des Schutzes. Michael ist der Krieger des Lichts, der gegen das Böse kämpft und die Men-

schen vor der Dunkelheit schützt. Er steht im Einklang mit **Mars**, dem Gott des Krieges. Beide repräsentieren die Kraft, die notwendig ist, um innere und äußere Konflikte zu überwinden. In ihrer Dunkelheit symbolisieren sie die Wut und den unkontrollierten Drang, der zu Zerstörung führen kann. Michael lehrt uns, dass der Kampf gegen die Dunkelheit Teil des Lebens ist und dass wir die Kontrolle über unsere eigenen inneren Dämonen behalten müssen."

214 - „Der zweite Engel ist **Gabriel**, der Bote Gottes und der Engel der Offenbarung. Gabriel steht für Kommunikation, Inspiration und die Übermittlung von Wissen. Er ist eng verbunden mit **Merkur**, dem Gott der Worte und der Gedanken. In seiner Dunkelheit zeigt Gabriel die Gefahr von Missverständnissen und Täuschungen. Wenn wir uns von den Worten anderer beeinflussen lassen, können wir in die Irre geführt werden. Gabriel erinnert uns daran, dass die Wahrheit oft hinter den Worten verborgen ist und dass wir die Verantwortung für unsere eigenen Gedanken tragen müssen."

215 - „Der dritte Engel ist **Raphael**, der Engel der Heilung. Raphael symbolisiert die Kraft der Gesundheit und des Wohlbefindens und steht im Einklang mit **Jupiter**, dem Gott des Wachstums und des Überflusses. In seiner Dunkelheit zeigt Raphael die Herausforderungen, die mit der Heilung einhergehen. Manchmal müssen wir durch Schmerz und Leiden

gehen, um zu wachsen. Raphael lehrt uns, dass wahre Heilung oft tiefere innere Arbeit erfordert und dass wir die Dunkelheit akzeptieren müssen, um die Fülle des Lebens zu erfahren."

216 - „Der vierte Engel ist **Uriel**, der Engel des Lichts. Uriel steht für Weisheit, Erkenntnis und das Streben nach Wahrheit. Er ist eng verbunden mit **Saturn**, dem Gott der Zeit und des Schicksals. In seiner Dunkelheit symbolisiert Uriel die Gefahr der Selbsttäuschung und des Festhaltens an Illusionen. Wenn wir uns weigern, die Wahrheit zu akzeptieren, können wir in die Dunkelheit der Ignoranz fallen. Uriel erinnert uns daran, dass das Licht der Erkenntnis oft schmerzhaft ist, aber notwendig, um die Schatten in unserem Leben zu beleuchten."

217 - „Der fünfte Engel ist **Selaphiel**, der Engel des Gebets und der Hingabe. Selaphiel steht für die Verbindung zwischen dem Materiellen und dem Spirituellen und ist eng verbunden mit **Venus**, der Göttin der Liebe. In seiner Dunkelheit zeigt Selaphiel die Gefahren der Eitelkeit und der oberflächlichen Beziehungen. Wenn wir uns nur auf das Materielle konzentrieren, verlieren wir den Zugang zu unserem inneren Selbst. Selaphiel lehrt uns, dass wahre Hingabe und Liebe aus der Akzeptanz unserer eigenen Schatten hervorgehen."

218 - „Der sechste Engel ist **Barachiel**, der Engel des Segens. Barachiel steht für Fülle, Glück und die

positiven Aspekte des Lebens und ist mit **Demeter**, der Erdgöttin, verbunden. In seiner Dunkelheit zeigt Barachiel die Herausforderungen, die mit dem Überfluss einhergehen. Wenn wir uns von materiellen Werten leiten lassen, können wir die Verbindung zu den spirituellen Aspekten unseres Lebens verlieren. Barachiel erinnert uns daran, dass wahre Fülle nicht nur im Materiellen, sondern auch im Spirituellen zu finden ist."

219 - „Der siebte Engel ist **Zadkiel**, der Engel der Barmherzigkeit und des Vergebens. Zadkiel steht für die Transformation und die Fähigkeit, aus unseren Fehlern zu lernen, und ist eng verbunden mit **Neptun**, dem Gott des Wassers und der Träume. In seiner Dunkelheit zeigt Zadkiel die Schwierigkeiten auf, die mit Schuld und Reue verbunden sind. Wenn wir uns weigern, uns selbst zu vergeben, können wir in der Dunkelheit der Selbstverurteilung gefangen bleiben. Zadkiel lehrt uns, dass Vergebung der Schlüssel zur inneren Freiheit ist und dass wir die Dunkelheit akzeptieren müssen, um die Liebe und das Licht in unser Leben zu bringen."

220 - Mephistopheles sah Faust eindringlich an und fügte hinzu: „Diese sieben Engel sind nicht nur Beschützer und Führer, sondern auch Spiegel deiner eigenen inneren Kämpfe. Sie stehen für die Dualität des menschlichen Daseins und die Herausforderungen, die du überwinden musst. Wenn du die Einflüsse

der Planeten und die Lehren der Engel verstehst, wirst du in der Lage sein, die tiefsten Wahrheiten über dich selbst zu entdecken." - Faust, von den Erkenntnissen berührt, nickte nachdenklich.

221 - Mephistopheles, mit einem scharfen, durchdringenden Blick, wandte sich an Faust und bereitete sich darauf vor, die sieben Engel, die sie gerade besprochen hatten, den sieben Dämonen und dunklen Gottheiten aus Mesopotamien gegenüberzustellen. „Du hast die Tugenden und die Lichter der Engel kennengelernt, mein lieber Faust. Nun ist es an der Zeit, ihre dunklen Gegenstücke zu erkennen – die Dämonen, die die Schatten in uns repräsentieren."

222 - Er hob seine Hand, und die Bilder der Dämonen und dunklen Gottheiten erschienen vor ihnen, jeder von ihnen umhüllt von einer düsteren Aura.

223 - „Zuerst gibt es **Asmodeus**, den Dämon der Lust und der Begierde. Er ist das dunkle Pendant zu **Gabriel**, dem Engel der Offenbarung. Während Gabriel für die reine Kommunikation und das Streben nach Wahrheit steht, verkörpert Asmodeus die Versuchung, die durch sinnliche Freuden und Begierden entsteht. In seiner Dunkelheit zeigt er, wie übermäßige Lust zu Egoismus und Isolation führen kann. Er erinnert uns daran, dass das Streben nach Vergnügen oft die Verbindung zur inneren Wahrheit untergräbt und uns in die Irre führt."

224 - „Der zweite Dämon ist **Mammon**, der Dämon des Reichtums und des materiellen Wohlstands. Mammon steht in direkter Opposition zu **Jupiter**, dem Engel des Wachstums. Während Jupiter für das positive Streben nach Wissen und Fülle steht, symbolisiert Mammon die Gier und das unstillbare Verlangen nach materiellem Besitz. In seiner Dunkelheit zeigt sich, wie das Streben nach Reichtum die Seele verderben kann. Mammon lehrt uns, dass das Festhalten an materiellem Wohlstand oft zu einem Verlust der wahren Werte führt."

225 - „Der dritte Dämon ist **Belphegor**, der Dämon der Faulheit und des Stillstands. Belphegor steht in Opposition zu **Michael**, dem Engel des Kampfes. Während Michael den Kampf gegen das Böse verkörpert, repräsentiert Belphegor die Trägheit und die Weigerung, sich den Herausforderungen des Lebens zu stellen. In seiner Dunkelheit zeigt er, wie Selbstzufriedenheit und Passivität zu einem Leben in Stagnation führen können. Belphegor lehrt uns, dass der Kampf gegen die eigene Bequemlichkeit oft der erste Schritt zur Selbstverwirklichung ist."

226 - „Der vierte Dämon ist **Astaroth**, der Herr der Täuschung und der Manipulation, der in Opposition zu **Uriel**, dem Engel des Lichts, steht. Während Uriel für Erkenntnis und Wahrheit steht, verkörpert Astaroth die Illusionen, die durch Worte und Gedanken entstehen. In seiner Dunkelheit zeigt sich, wie leicht

es ist, in die Falle der Selbsttäuschung zu tappen. Astaroth lehrt uns, dass wir kritisch denken müssen, um nicht in die Irre geführt zu werden."

227 - „Der fünfte Dämon ist **Lilith**, die Göttin der verbotenen Begierden, die dem Engel **Selaphiel**, dem Engel der Hingabe, gegenübersteht. Während Selaphiel für die Verbindung zu unserem spirituellen Selbst steht, verkörpert Lilith die ungebändigten Triebe, die uns in Versuchung führen. In ihrer Dunkelheit zeigt sie, wie die Unterdrückung dieser Triebe zu inneren Konflikten und einem Gefühl der Entfremdung führen kann. Lilith erinnert uns daran, dass das Akzeptieren unserer eigenen Schatten notwendig ist, um wahre Hingabe zu finden."

228 - „Der sechste Dämon ist **Moloch**, der Dämon des Opfers und der Grausamkeit. Moloch steht in Opposition zu **Raphael**, dem Engel der Heilung. Während Raphael für Gesundheit und Wohlbefinden steht, symbolisiert Moloch die dunkle Seite des Opfers, die oft mit Leid und Zerstörung verbunden ist. In seiner Dunkelheit zeigt er, wie der Drang, alles für den eigenen Vorteil zu opfern, zu einem Verlust der Menschlichkeit führen kann. Moloch lehrt uns, dass das Streben nach Macht und Einfluss oft auf Kosten anderer geht."

229 - „Und schließlich haben wir **Baal**, der Herr der Stürme und der Zerstörung, der in Opposition zu **Zadkiel**, dem Engel der Barmherzigkeit, steht.

230 - Während Zadkiel für Vergebung und Transformation steht, verkörpert Baal die zerstörerischen Kräfte, die aus Wut und Rache geboren werden. In seiner Dunkelheit zeigt sich die Gefahr, die in der Unfähigkeit liegt, loszulassen und zu vergeben. Baal erinnert uns daran, dass der Zorn, wenn er nicht kontrolliert wird, zu selbstzerstörerischem Verhalten führen kann."

231 - Mephistopheles sah Faust direkt an und sprach mit einer eindringlichen Stimme: „Diese sieben Dämonen und dunklen Gottheiten sind nicht nur Figuren aus alten Geschichten; sie sind die Schatten, die in jedem von uns wohnen. Sie repräsentieren die inneren Kämpfe, die wir alle erleben, und die Herausforderungen, denen wir uns stellen müssen. Wenn du die Dunkelheit in dir selbst akzeptierst und verstehst, wirst du in der Lage sein, die tiefsten Wahrheiten über dein eigenes Leben zu entdecken."

232 - Faust, von der Schwere der Worte und der Macht der dunklen Gottheiten berührt, nickte nachdenklich. „Ich erkenne, dass diese Dämonen Teil meines eigenen inneren Kampfes sind."

233 - Mephistopheles wandte sich an Faust. Seine Stimme wurde eindringlich und durchdringend, als er begann, die komplexen Symbole und Bilder der letzten biblischen Schrift zu entwirren.

234 „Die Offenbarung des Johannes, mein lieber Faust, ist ein faszinierendes Werk, das die tiefsten Ängste und Hoffnungen der Menschheit widerspiegelt. Aber aus meiner Sicht, aus der Perspektive des Teufels, ist es auch ein Dokument der Kontrolle, der Manipulation und der Angst, die die Menschen in ihren Entscheidungen leitet."

235 „Beginnen wir mit dem **Apokalyptischen Reiter**, der in Kapitel 6 erscheint. Diese vier Reiter – Krieg, Hunger, Krankheit und Tod – sind die Manifestationen der dunklen Seiten der menschlichen Natur. Sie zeigen die Konsequenzen von Gier, Macht und Egoismus. In meiner Welt sind diese Reiter nicht nur Vorboten des Endes, sondern auch Symbole der menschlichen Schwächen, die ich nur anstacheln muss, um Chaos zu erzeugen. Die Menschen fürchten diese Reiter, aber sie sind auch die Schöpfer ihrer eigenen Realität. Ich bin derjenige, der die Fäden zieht und die Menschen in die Irre führt, wenn sie versuchen, die Kontrolle über ihr Schicksal zu behalten."

236 - „Die **Sieben Siegel**, die geöffnet werden, repräsentieren die Geheimnisse des Universums und die Offenbarung von Wissen. Doch das Wissen, das sie bringen, ist oft schmerzhaft und herausfordernd. Der Mensch hat die Wahl, sich dem Wissen zu öffnen oder es abzulehnen, und ich warte nur darauf, die Schwächen auszunutzen, die aus der Angst vor dem

Unbekannten entstehen. Jedes geöffnete Siegel ist eine Einladung, die Dunkelheit zu konfrontieren, aber die meisten wählen den einfachen Weg der Ignoranz, und das ist meine Stärke."

237 - „Betrachten wir die **Zwei Zeugen**, die in Kapitel 11 erscheinen. Diese beiden Figuren, die die Wahrheit verkörpern, stehen für den Widerstand gegen die Dunkelheit. Sie sind eine Bedrohung für die Mächtigen und die, die im Verborgenen agieren. Doch ich, als der Teufel, habe die Fähigkeit, selbst die wahrhaftigsten Botschaften zu verdrehen und in Misskredit zu bringen. Die Welt ist oft blind gegenüber den wahren Zeugen, die für das Licht stehen, und ich nutze diese Blindheit, um die Dunkelheit zu nähren."

238 - „Und dann die **Hure Babylon**, die in Kapitel 17 beschrieben wird. Sie ist ein Symbol für die Korruption und den moralischen Verfall, der die Menschheit heimsucht. Viele sehen sie als das Böse, das bestraft werden muss, doch ich sehe sie als das Produkt menschlicher Begierden und Schwächen. Die Menschen schaffen ihre eigenen Höllen, indem sie den Verlockungen des materiellen Lebens nachgeben. Babylon ist nicht nur eine Stadt, sondern auch ein Zustand des Geistes, den ich mit Freude nähre. Sie repräsentiert die Dualität von Licht und Schatten in jedem Menschen."

239 - „Schließlich gibt es das Bild des **Neuen Jeru-salems**, das in der Offenbarung als das ultimative Ziel des Glaubens dargestellt wird. Aber aus meiner Sicht ist es auch eine Illusion, die die Menschen daran hindert, die Realität ihrer eigenen Existenz zu akzeptieren. Die Vorstellung eines perfekten Reiches nach dem Tod führt oft dazu, dass die Menschen die Schönheit und die Herausforderungen des gegenwärtigen Lebens übersehen. Sie warten auf das, was kommen wird, anstatt das Leben in seiner vollen Tiefe zu leben."

240 - Mephistopheles sah Faust direkt an, seine Augen blitzten vor Überzeugung. „Die Offenbarung ist ein Werkzeug der Kontrolle, das von den Mächtigen genutzt wird, um die Massen in Angst zu versetzen. Die Menschen werden gelehrt, sich vor dem Bösen zu fürchten, ohne zu erkennen, dass das Böse oft in ihren eigenen Herzen wohnt. Ich bin derjenige, der die Dunkelheit in ihnen entfesselt, und die Offenbarung ist ein Spiegel, der die Ängste und die Widersprüche der menschlichen Natur reflek-tiert."

241 - „Aber es gibt Hoffnung, Faust. Du hast die Fähigkeit, die Dunkelheit zu erkennen und zu akzeptieren. Du kannst die Lektionen, die aus den Herausforderungen der Offenbarung hervorgehen, in dein eigenes Leben integrieren. Wenn du die Dunkel-heit in dir selbst annimmst, wirst du in der Lage sein,

die wahren Wahrheiten über die menschliche Existenz zu entdecken und die Kontrolle über dein eigenes Schicksal zurückzugewinnen."

242 - Faust, von der Tiefe der Einsichten berührt, nickte nachdenklich. „Ich verstehe, dass die Offenbarung nicht nur eine Warnung, sondern auch eine Einladung ist, die eigenen Schatten zu akzeptieren und die Verantwortung für das eigene Leben zu übernehmen. Ich bin bereit, die Herausforderungen anzunehmen und die Lehren der Dunkelheit in mein Leben zu integrieren."

243 - Dr. Heinrich Faust, von den tiefen Einsichten und der Macht der Dunkelheit inspiriert, wandte sich direkt an Mephistopheles. Seine Stimme war fest und klar, als er seine satanische Philosophie erklärte, die aus seinen Erfahrungen und den Lehren, die er empfangen hatte, hervorging.

244 - „Mephistopheles", begann Faust, „ich habe die Welt der Dunkelheit und des Lichts durchschaut und eine Philosophie formuliert, die auf der Akzeptanz der Dunkelheit beruht. Ich habe erkannt, dass die Dunkelheit nicht mein Feind ist, sondern ein Lehrer. Sie zwingt mich, die Schatten meiner Seele zu akzeptieren – die Ängste, Zweifel und verborgenen Begierden. Jeder Mensch muss die Dunkelheit in sich selbst anerkennen, um zu wachsen und sich zu transformieren. Nur durch die Konfrontation mit die-

sen inneren Dämonen kann ich die Fülle des Lebens wirklich erfassen."

245 - Er machte eine Pause und ließ seine Worte nachhallen, bevor er fortfuhr. „Ich habe verstanden, dass Licht und Schatten untrennbar miteinander verbunden sind. Das Streben nach Wissen und Wahrheit kann nicht ohne die Konfrontation mit den eigenen inneren Konflikten erfolgen. Wahres Verständnis kommt aus der Balance zwischen diesen beiden Kräften. Wenn ich die Dunkelheit akzeptiere, erkenne ich die Tiefe des Lichts, das in mir wohnt."

246 - „Die Macht der Entscheidungen ist ein weiterer zentraler Aspekt meiner Philosophie. Jede Entscheidung, die ich treffe, hat Konsequenzen, die weit über mein unmittelbares Verständnis hinausgehen. Ich bin der Herr meiner eigenen Bestimmung und muss die Verantwortung für meine Handlungen und deren Folgen übernehmen. Diese Verantwortung ist der Schlüssel zu meinem Wachstum und meiner Selbstverwirklichung."

247 - Fausts Augen funkelten, als er weitersprach. „Wissen ist Macht, aber auch Verantwortung. Die Suche nach Wissen erfordert den Mut, meine eigene Unzulänglichkeit zu akzeptieren und mich den Herausforderungen des Lebens zu stellen. Der Prozess des Lernens ist oft schmerzhaft, bietet jedoch die Möglichkeit zur Transformation. Ich habe gelernt,

dass jede Erfahrung, ob gut oder schlecht, wertvoll ist und mich näher zu meinem wahren Selbst führt."

248 - „Ich erkenne auch die Rolle der Emotionen in meinem Leben. Emotionen sind sowohl eine Quelle der Inspiration als auch der Zerstörung. Der Umgang mit meinen eigenen Gefühlen, insbesondere den dunklen und verbotenen, ist entscheidend für mein persönliches Wachstum. Ich muss lernen, meine Emotionen zu zügeln und in konstruktive Bahnen zu lenken, ohne sie zu unterdrücken oder zu verleugnen."

249 - Er sprach weiter, seine Stimme wurde eindringlicher. „Materieller Wohlstand und äußerer Erfolg sind trügerisch. Das Streben nach Reichtum kann zu einem Verlust der inneren Werte führen. Wahre Erfüllung liegt nicht im Materiellen, sondern in der Verbindung zu mir selbst und zu anderen. Ich habe erkannt, dass das Streben nach Liebe und Verständnis weit über den materiellen Gewinn hinausgeht."

250 - „Die Selbstverantwortung ist ein weiterer wichtiger Grundsatz. Ich muss die Verantwortung für meine eigenen Wünsche und Begierden übernehmen, um die Macht meiner inneren Schatten zu nutzen. Die Fähigkeit zur Vergebung – sowohl mir selbst als auch anderen – ist entscheidend für meine innere Freiheit und mein persönliches Wachstum. Nur durch Verge-

bung kann ich die Ketten der Vergangenheit sprengen und in die Zukunft blicken."

251 - „Die Archetypen der Planeten und Engel spiegeln die inneren Kämpfe wider, die ich erlebe. Jeder Mensch hat die Fähigkeit, diese Archetypen zu erkennen und ihre Lehren in sein Leben zu integrieren. Indem ich die Archetypen anerkenne, kann ich meine eigenen Schatten konfrontieren und die Wahrheit finden, die in mir verborgen liegt."

252 - „Der Weg der Selbsterkenntnis ist oft lang und voller Herausforderungen. Ich bin bereit, meine inneren Konflikte zu akzeptieren und mich den dunklen Aspekten meiner Persönlichkeit zu stellen, um die tiefsten Wahrheiten über mich selbst zu entdecken. Die Dunkelheit ist ein Raum für Kreativität und Transformation. Indem ich die Schatten umarme und die Herausforderungen akzeptiere, erkenne ich meine wahre Natur und entfalten meine innere Stärke."

253 - Faust schloss seine Ausführungen mit einem eindringlichen Blick auf Mephistopheles. „Meine satanische Philosophie ist eine Einladung, die Dunkelheit als Teil des menschlichen Daseins zu akzeptieren. Die Herausforderungen, die mit der Suche nach Wissen und Wahrheit einhergehen, sind notwendige Schritte auf dem Weg zur Selbstverwirklichung. Ich habe den Mut, meine eigenen inneren Dämonen zu konfrontieren, und erkenne, dass Licht und Schatten zusammen existieren und meine

menschliche Erfahrung bereichern." - „So sei es, Faust", erwiderte Mephistopheles.

Die Aufzeichnungen des Dr. Heinrich Faust

In den letzten Nächten wurde ich von Visionen heim-
gesucht, die mich in die tiefsten Abgründe und höchsten Höhen des menschlichen Daseins führen. Diese
Aufzeichnungen sind der Versuch, meine Erlebnisse
festzuhalten, um das, was ich gesehen habe, zu
begreifen und vielleicht eines Tages zu verstehen.

Ich fand mich in einem düsteren Laboratorium wieder, umgeben von alchemistischen Geräten und alten,
vergilbten Manuskripten. Die Luft war schwer von
der Last des Wissens und des Verlangens. Plötzlich
durchbrach eine schattenhafte Gestalt den Raum – es
war Mephisto, mein alter Bekannter.

„Ah, mein lieber Faust!", sprach er mit einem schel-
mischen Lächeln. „Du sehnst dich nach Wissen, nach
den Geheimnissen der Schöpfung. Was treibt dich in
die Dunkelheit, wenn das Licht der Erkenntnis so
verlockend strahlt?"

Seine Worte hallten in meinem Geist wider, und ich
spürte das Feuer der Neugier in mir auflodern.

„Mephisto", entgegnete ich mit einer Mischung aus
Entschlossenheit und Verzweiflung, „ich habe die
Grenzen des menschlichen Wissens bereits weit

überschritten. Die Bücher, die ich studiert habe, die Philosophien, die ich durchdrungen habe, scheinen mir nur noch Schatten dessen zu sein, was ich wirklich begreifen möchte. Ich suche nach der tiefsten Essenz des Lebens selbst, nach den Geheimnissen und Wahrheiten, die selbst den Göttern verborgen bleiben.

Erzähle mir von Adam und Eva, den ersten Menschen, die in der Unschuld des Paradieses lebten. Was geschah in diesem Garten, als sie die Frucht des Wissens kosteten? Ich möchte verstehen, was es bedeutet, Mensch zu sein, und welche Macht in der Sexualität verborgen liegt – dieser uralten Kraft, die sowohl Schöpfung als auch Zerstörung in sich birgt.

Was geschah, als sie ihre Körper entdeckten und in der Berührung des anderen eine Welt voller Möglichkeiten erlebten? War ihre Liebe nicht der erste Akt der Schöpfung, eine Vereinigung von Körper und Geist, die das Potenzial hatte, das Universum zu verändern? Ich will wissen, wie ihre Verbindung zu Gott und zueinander in dieser heiligen Vereinigung manifestiert wurde.

Was ist es, das diese Verbindung so mächtig macht? Ist es das Verlangen, das in der menschlichen Natur verwurzelt ist, oder ist es eine tiefere, spirituelle Dimension, die uns mit dem Göttlichen verbindet? Ich sehne mich danach, die Geheimnisse, die in dieser ersten Liebe verborgen sind, zu entschlüsseln und die

Wahrheit über die duale Natur von Lust und Verantwortung zu erkennen.

Führe mich in die Tiefen dieser Erkenntnis, Mephisto! Enthülle mir die Geheimnisse, die die Menschheit seit Anbeginn der Zeit beschäftigt haben. Ich bin bereit, die Konsequenzen zu tragen, die mit diesem Wissen einhergehen, denn ich weiß, dass es die einzige Möglichkeit ist, die Wahrheit über uns selbst und die Welt um uns herum zu erfassen."

Mephisto schmunzelte geheimnisvoll, und sein Blick funkelte im schummrigen Licht des Labors, als er begann, die Geschichte der ersten Menschen zu erzählen. „Ah, die ersten Liebenden", sagte er mit einer Stimme, die sowohl Ehrfurcht als auch Ironie ausstrahlte. „Sie waren nicht nur Geschöpfe, sondern auch Schöpfer ihrer eigenen Realität. In ihrem innigen Zusammensein erlebten sie eine Verbindung, die weit über das Physische hinausging. Ihre Sexualität war der Schlüssel zur Erkenntnis und zur Schöpfung selbst, ein Ausdruck ihrer tiefsten Sehnsüchte und ihrer göttlichen Herkunft."

Ich lauschte gebannt, als er fortfuhr, und die Worte schienen in der Luft zu schweben, während sie mein Bewusstsein durchdrangen. „In der Unschuld ihrer Existenz, inmitten des paradiesischen Gartens, erwachte das Verlangen. Adam und Eva, die ersten Kinder der Erde, lebten in einem Zustand der vollkommenen Harmonie mit der Natur um sie herum.

Sie waren umgeben von einer Fülle an Leben und Farben, und die Luft war erfüllt von süßen Düften und dem Gesang der Vögel. Doch in dieser Unschuld waren sie sich ihrer Körper zunächst nicht bewusst. Sie bewegten sich durch den Garten, spielten und lachten, ohne die Scham zu empfinden, die später über die Menschheit kommen sollte."

Mephisto hielt inne, als ob er die Dramatik der Situation auf sich wirken ließ. „Doch als sie einander ansahen, geschah etwas Magisches. In diesem Moment der Erkenntnis erkannten sie die Schönheit in ihrer Nacktheit. Es war nicht nur der Akt der Fortpflanzung, sondern eine heilige Vereinigung, die sie Gott näher brachte. Sie erlebten die erste Liebe, die erste Berührung, die erste Hingabe. In ihren Körpern pulsierte das Leben, und sie spürten die göttliche Energie, die in ihnen fließend wirkte. Es war, als ob die Schöpfung selbst in ihnen lebte, als ob sie das Potenzial hatten, nicht nur sich selbst, sondern auch die Welt um sie herum zu gestalten."

Seine Stimme wurde eindringlicher, und ich konnte die Leidenschaft hinter seinen Worten spüren. „In dieser heiligen Verbindung erkannten sie, dass ihre Sexualität nicht nur ein physischer Akt war, sondern eine spirituelle Erfahrung, die sie mit dem Universum verband. Es war ein Tanz der Energien, ein Spiel der Schöpfung, das die Grenzen zwischen Körper und Geist aufhob. Ihre Lust war eine Reflexion der göttlichen Liebe, die in allem lebte, und in ihrem Zusammensein fanden sie die Essenz des Lebens selbst."

Mephisto lehnte sich zurück und ließ die Worte in der Stille des Labors nachklingen. „Doch mit dieser Erkenntnis kam auch die Verantwortung. Sie waren nun Träger des Wissens, und mit diesem Wissen mussten sie die Konsequenzen tragen. Ihre Liebe war nicht mehr nur unbeschwert; sie war jetzt auch der Schlüssel zu einer neuen Welt, in der die Dualität von Freude und Schmerz, von Licht und Schatten, von Schöpfung und Zerstörung ihren Platz hatte. Aber das ist eine Geschichte für sich…"

Ich fühlte, wie ein Schauer über meinen Rücken lief. Die Worte Mephistos hatten eine Welt eröffnet, die ich mir nie hätte vorstellen können.

„Doch, Mephisto", begann ich, während ich die aufgewühlten Gedanken in meinem Geist sortierte, „du sprachst von Verantwortung, die mit dem Wissen einhergeht. Welche Art von Verantwortung meinen wir, wenn wir von der Sexualität und der Liebe sprechen? Ist es nicht die Verantwortung, die uns in Ketten legt, uns zurückhält von der puren Freude und der Freiheit, die uns das Leben bieten könnte?"

Mit einem amüsierten Lächeln fuhr Mephisto fort. "Ach, Faust! Du hast den Nagel auf den Kopf getroffen. Die Verantwortung, von der ich spreche, ist ein zweischneidiges Schwert. Sie ist die Last, die das menschliche Herz trägt, aber auch der Schlüssel zu wahrer Freiheit. Wenn Adam und Eva die Frucht des Wissens kosteten, erkannten sie nicht nur ihre eigene Nacktheit, sondern auch die Nacktheit der Welt. Sie wurden sich der Konsequenzen ihrer Handlungen bewusst.

Die Lust, die sie erlebten, war nun nicht mehr unbeschwert; sie war durchdrungen von der Einsicht, dass jede Handlung – jede Berührung, jede Entscheidung – Auswirkungen auf die Welt um sie herum hatte. Sie waren in der Lage, Leben zu schaffen, aber auch Leben zu zerstören. Und in dieser Erkenntnis lag sowohl der Schrecken als auch die Schönheit des Menschseins.

Meine Gedanken begannen zu kreisen. Mephistos Worte ließen mich nachdenklich werden. "Aber ist es nicht dieser Schrecken, der uns oft lähmt? Die Angst vor den Konsequenzen und die Furcht, in der Dunkelheit zu versinken, halten uns oft davon ab, unsere tiefsten Wünsche auszuleben. Wie können wir die Verantwortung annehmen, ohne uns von ihr erdrücken zu lassen?

Mephisto schüttelte leicht den Kopf. "Du bist ein wahrhaftiger Philosoph, Faust! Die Antwort liegt in der Balance. Du musst lernen, die Dunkelheit anzunehmen, sie als Teil von dir selbst zu akzeptieren. Nur wenn du die Schatten in dir anerkennst und sie nicht fürchtest, kannst du die wahre Kraft deiner Sexualität und deines Verlangens entfalten.

Die Sexualität ist ein Ausdruck aus der Tiefe deiner Seele, deiner Verbindung zur Schöpfung. Sie ist die Kraft, die dich antreibt, die dich dazu bringt, zu lieben, zu fühlen und zu leben. Aber sie ist auch die Kraft, die dich in die Abgründe führen kann, wenn du sie nicht kontrollierst."

Ich fühlte, wie sich Entschlossenheit in mir regte. "Ich verstehe, Mephisto. Ich muss die Balance finden zwischen Lust und Verantwortung, zwischen dem Streben nach Wissen und den Konsequenzen, die damit einhergehen. Ich will nicht in der Furcht leben, sondern die Dunkelheit als Teil meines Weges akzeptieren."

Mephisto nickte zustimmend. "Das ist der Geist, den ich in dir sehe, Faust! Du bist bereit, die Reise anzutreten."

„Mephisto", sprach ich mit nachdrücklichem Ton, „ich habe die Dunkelheit erkannt und bin bereit, sie anzunehmen. Doch ich frage mich: Wie kann ich meiner Furcht begegnen und sie überwinden? Wie kann ich die Schatten, die mich umgeben, nicht nur akzeptieren, sondern sie auch in etwas Positives verwandeln?"

Er lächelte wissend, und ich spürte die Macht seiner Präsenz. „Ah, Faust! Deine Frage ist der Schlüssel zur wahren Selbstverwirklichung. Um deiner Furcht zu begegnen, musst du zunächst verstehen, dass Furcht nicht der Feind ist, den du zu bekämpfen versuchst. Furcht ist ein Teil von dir, ein Echo deiner Ängste und Unsicherheiten. Sie ist nicht dazu da, dich zu lähmen, sondern um dich zu lehren und zu führen."

Seine Worte hallten in mir wider, und ich lauschte gebannt, während er fortfuhr. „Der erste Schritt, um deiner Furcht zu begegnen, ist, sie zu erkennen und ihr ins Gesicht zu sehen. Schreibe auf, was dir Angst macht. Sei es die Angst vor dem Scheitern, der Verlust von Kontrolle oder die Furcht vor der Dunkelheit selbst. Indem du deine Ängste benennst, gibst du ihnen keine Macht mehr über dich. Sie werden zu Worten auf einem Blatt Papier, nicht mehr als flüchtige Gedanken."

Ich nickte, als mir die Bedeutung seiner Worte klar wurde. Es war der erste Schritt auf meinem Weg zur Befreiung.

„Du musst lernen, die Dunkelheit als Teil deiner Existenz zu akzeptieren", fuhr er fort. „Jeder Mensch trägt Schatten in sich – das ist die Natur des Menschseins. Anstatt sie zu verbergen, erkenne sie an. Verstehe, dass die Dunkelheit auch eine Quelle der Kraft sein kann. In den tiefsten Abgründen findest du oft die wertvollsten Einsichten über dich selbst."

Seine Stimme wurde eindringlicher, und ich fühlte mich von einer Welle des Verständnisses erfasst. „Gehe den Ursachen deiner Furcht auf den Grund. Woher kommen sie? Oft sind es Erinnerungen, Erfahrungen oder Glaubenssätze, die dich gefangen halten. Indem du die Wurzeln deiner Ängste erkennst, kannst du beginnen, sie zu transformieren. Du wirst feststellen, dass viele deiner Ängste unbegründet sind, Produkte deiner eigenen Vorstellungskraft."

Ich spürte, wie sich ein Licht in meinem Inneren zu regen begann. „Nutze die Kraft der Vorstellung", sagte Mephisto weiter. „Visualisiere dich selbst, wie du deine Ängste überwindest. Stelle dir vor, wie du in die Dunkelheit eintauchst und sie in Licht verwandelst. Diese Technik der Visualisierung kann dir helfen, Vertrauen in deine Fähigkeit zu entwickeln, die Herausforderungen, die vor dir liegen, zu meistern. Du bist der Schöpfer deiner Realität; nutze diese Macht!"

Sein Lächeln war ansteckend, und ich fühlte, wie die Furcht in mir zu schwinden begann. „Der letzte und vielleicht wichtigste Schritt ist, trotz deiner Furcht zu handeln", fuhr er fort. „Lass nicht zu, dass die Angst dich lähmt. Setze dir kleine Ziele, die dich aus deinem gewohnten Umfeld herausführen. Jedes Mal, wenn du handelst, trotz der Furcht, schwächst du ihre Macht über dich. Du wirst feststellen, dass du stärker wirst, je mehr du dich deinen Ängsten stellst."

In diesem Moment wurde mir die Tragweite seiner Lehren bewusst. „Das sind weise Worte, Mephisto", entgegnete ich nachdenklich. „Es erfordert Mut, sich seinen Ängsten zu stellen und sie zu akzeptieren. Aber ich erkenne, dass ich nicht allein bin. Die Dunkelheit ist nicht mein Feind, sondern ein Lehrer. Ich werde diesen Weg gehen, um meine Furcht zu überwinden und die Wahrheit über mich selbst zu entdecken."

Mephisto nickte, sein Grinsen war schadenfroh und zugleich ermutigend. „Ja, Faust! Du bist auf dem richtigen Weg. Die Dunkelheit, die du fürchtest, birgt das Potenzial für Wachstum und Transformation. Lass die Furcht zu deinem Verbündeten werden, und du wirst die Geheimnisse der Schöpfung nicht nur ergründen, sondern auch die tiefsten Höhen deiner eigenen Seele erreichen."

In diesem Augenblick brannte ein neues Feuer in mir.

Die Vision von Mendes

In der Stille der Nacht fiel ich in einen tiefen Schlaf, und in meinen Träumen wurde ich in eine andere Zeit und an einen anderen Ort versetzt – in einen alten ägyptischen Tempel, dessen Wände mit Hieroglyphen bedeckt waren, die Geschichten von Göttern und Menschen erzählten. Der Raum war erfüllt von einem geheimnisvollen Licht, das die Schatten tanzend über die Wände warf. Plötzlich erschien Mephisto, mein vertrauter Begleiter in den dunklen Geheimnissen des Lebens.

„Willkommen, Faust!", rief er mit einer Stimme, die sowohl Verlockung als auch Gefahr versprach. „Heute wirst du die Geheimnisse eines alten Kultes entdecken, der dem Bock von Mendes gewidmet ist – einer der vielen Verkörperungen meiner selbst."

Ich folgte ihm durch den Tempel, und je weiter wir gingen, desto mehr wurde ich von der Atmosphäre des Ortes ergriffen. Der Duft von Myrrhe und Weihrauch umhüllte uns, und das Murmeln der Gläubigen erfüllte die Luft. Ich sah Priester und Priesterinnen in weißen Gewändern, die sich in einem rituellen Tanz bewegten, während sie Gesänge anstimmten, die die Kraft der Fruchtbarkeit und des Lebens beschworen.

„Der Bock von Mendes", erklärte Mephisto mit einem geheimnisvollen Lächeln, während wir die lebhafte Szene vor uns betrachteten, „ist nicht nur ein Symbol der Fruchtbarkeit, sondern auch eine Manifestation des Gottes Banebdjedet. Seine Gestalt, mit geschwungenen Hörnern und einem majestätischen Auftreten, verkörpert die Kraft des Lebens selbst."

Wir standen am Rand eines pulsierenden Festes, das in der Dämmerung des Abends stattfand. Die Luft war erfüllt von einem berauschenden Duft nach frisch gebackenem Brot und süßen Früchten, während die fröhlichen Klänge von Flöten und Trommeln durch die Menschenmenge schwebten. In der Mitte des Platzes, umringt von tanzenden Gläubigen, erhob sich eine kunstvoll geschnitzte Statue des Bockes, die im flackernden Licht der Fackeln lebendig zu werden schien. Sein Blick war durchdringend, als ob er die tiefsten Geheimnisse der Natur und des Lebens selbst kannte.

„Er steht für das Leben, die Wiedergeburt und den Zyklus der Natur", fuhr Mephisto fort, während sein Blick in die Ferne schweifte, als ob er die Verbindung zwischen der Statue und den Geistern der Erde spüren könnte. „Die Menschen, die hier versammelt sind, verehren ihn aus tiefstem Herzen, weil sie wissen, dass ihre Existenz von diesen Geistern abhängt. Sie beten um die Gnade des Bockes, um eine reiche Ernte und den Schutz vor der Dürre, die ihre Felder bedrohen könnte."

Ich beobachtete die Gesichter der Menschen, die in Ehrfurcht vor der Statue knieten, ihre Hände zum Himmel erhoben, als ob sie die spirituelle Energie, die von dem Bock ausging, direkt in sich aufnehmen wollten. Ihre Augen strahlten eine Mischung aus Hoffnung und Dankbarkeit aus, und ich konnte förmlich spüren, wie die Atmosphäre um uns herum von einer tiefen Verbundenheit mit der Natur durchzogen war.

„Die Lehren des Banebdjedet sind in jeder Faser ihres Lebens verwoben", fügte Mephisto hinzu, während er einen weiteren Blick auf die feiernden Menschen warf. „In ihren Traditionen, ihren Ritualen und in der Art und Weise, wie sie die Erde bestellen. Sie verstehen, dass sie Teil eines größeren Ganzen sind, eines Kreislaufs, der niemals endet. Wenn sie den Bock von Mendes anrufen, rufen sie die Kräfte an, die das Leben speisen, und sie danken für die Gaben, die ihnen zuteilwerden."

In diesem Moment wurde mir klar, dass es nicht nur um den Bock oder den Gott Banebdjedet ging. Es war eine tief verwurzelte Beziehung zwischen den Menschen und der Natur, eine Symbiose, die durch den Glauben und die Traditionen gestärkt wurde. Ich spürte die Magie des Augenblicks, die durch die Feierlichkeiten und die Gemeinschaft der Anwesenden verstärkt wurde. Es war ein lebendiges Zeugnis der Menschheit, die in Harmonie mit der Natur lebte, und ich fühlte mich geehrt, Teil dieses besonderen Augenblicks zu sein.

Ich beobachtete, wie die Priester einen Altar schmückten, der mit Früchten, Blumen und anderen Gaben bedeckt war. „Sie glauben, dass durch diese Rituale die Kräfte der Natur aktiviert werden, um die Erde fruchtbar zu machen. Der Bock symbolisiert die Vitalität und die Erneuerung des Lebens. Es ist ein Kreislauf, der niemals endet."

Mephisto führte mich tiefer in das Herz des Tempels, wo die Luft dicker und die Atmosphäre elektrisierender wurde. Die Wände waren mit kunstvollen Reliefs geschmückt, die die Geschichten von Göttern und Menschen erzählten, während das sanfte Licht von Öllampen die Schatten tanzen ließ. Der Klang von Gesang und rhythmischem Trommeln drang durch die Hallen und erfüllte den Raum mit einer pulsierenden Energie, die mich in ihren Bann zog.

„Hier", begann Mephisto mit einer Stimme, die sowohl Ehrfurcht als auch Dringlichkeit ausstrahlte, „findet die zentrale Zeremonie statt." Er deutete auf einen großen, offenen Raum, der von einer hohen Decke überdacht war. Der Boden war mit weichen Matten bedeckt, die mit Blumen und Kräutern geschmückt waren, die die Sinne betörten. In der Mitte des Raumes stand ein prachtvoller Altar, der mit frischen Früchten, Weihrauch und leuchtenden Blumen geschmückt war. Ein sanfter Duft umhüllte mich, eine Mischung aus süßem Nektar und erdigem Holz, der die Luft erfüllte und eine fast tranceartige Stimmung erzeugte.

„Die Vereinigung von Mann und Frau wird hier als heilig betrachtet", fuhr Mephisto fort, während wir uns dem Altar näherten. „Es ist ein Akt der Schöpfung, der die Kräfte der Natur anruft. In diesem Raum wird der Zyklus des Lebens gefeiert, und jede Berührung, jede Bewegung, wird als eine Form der Anbetung angesehen, die den Kreislauf des Lebens selbst widerspiegelt."

Ich konnte die Intensität der Energie spüren, die in der Luft lag, als die Priester und Priesterinnen sich um den Altar versammelten. Ihre Gesänge wurden lauter, und die rhythmischen Klänge der Trommeln schienen den Herzschlag der Erde selbst zu imitieren. Die Menschen, die in ihren weißen Gewändern gekleidet waren, bewegten sich in einem hypnotischen Tanz, der sowohl Anmut als auch Kraft ausstrahlte. Ihre Körper schienen eins mit dem Rhythmus der Musik zu sein, und ich konnte die Leidenschaft und Hingabe spüren, die in jeder Bewegung lag.

Mephisto beobachtete mich, während ich gebannt der Zeremonie folgte. „In diesem Akt der Vereinigung", erklärte er, „erleben die Teilnehmer die tiefste Verbindung zu sich selbst und zur Natur. Es ist nicht nur ein körperlicher Akt, sondern eine spirituelle Erfahrung, die das Göttliche in ihnen erweckt. Sie rufen die Kräfte des Lebens an, und in diesem Moment werden sie zu Mitgestaltern der Schöpfung."

Ich sah, wie ein Paar, das in der Mitte des Kreises stand, sich in einem innigen Blick begegnete. Ihre Augen funkelten vor Verlangen und Verständnis, als ob sie sich in einer Sprache unterhielten, die über Worte hinausging. Mit jedem Schritt, den sie aufeinander zu machten, schien die Luft um sie herum zu vibrieren, und ich fühlte, wie die Anziehungskraft ihrer Verbindung auch mich erfasste.

„Der Akt der Sexualität wird hier als eine heilige Handlung angesehen", fuhr Mephisto fort, seine Stimme weich und eindringlich. „Er ist eine Anrufung der Schöpfungskräfte, ein Ritual, das die Energien von Leben und Tod, von Freude und Schmerz, in einem einzigen Moment vereint. In dieser Vereinigung erkennen sie die Dualität des Lebens und feiern sie. Sie werden eins mit der Natur, eins mit dem Universum."

Während ich den Rittern und Tänzern zusah, wurde mir klar, dass dieses Ritual nicht nur ein Ausdruck der körperlichen Liebe war, sondern auch eine tiefere Verbindung zu den Zyklen des Lebens und der Natur. Die Zeremonie war ein heiliges Bekenntnis, das die Teilnehmer dazu einlud, ihre eigene Menschlichkeit zu umarmen und sich gleichzeitig mit dem Göttlichen zu verbinden.

„Hier wird die Schöpfung nicht nur als ein einmaliger Akt betrachtet", schloss Mephisto, „sondern als ein fortwährender Prozess, der uns alle miteinander verbindet. Jeder von uns ist Teil dieses Kreislaufs, und durch diese Zeremonie wird uns die Macht gegeben, aktiv an diesem Prozess teilzuhaben."

Ich spürte, wie mein Herz schneller schlug, während ich die Intensität der Zeremonie erlebte. Die Energie des Raumes war überwältigend, und ich fühlte mich sowohl erregt als auch demütig. Hier, in diesem heiligen Raum, wurde mir bewusst, dass die Sexualität, die oft als tabu betrachtet wurde, in Wahrheit eine Quelle der Kraft und des Lebens war – eine Kraft, die es zu feiern galt.

In diesem Moment wurde mir klar, dass ich nicht nur ein Zuschauer war, sondern Teil eines viel größeren Ganzen – eines Kreislaufs von Leben und Liebe, der uns alle miteinander verband.

Ich war fasziniert und zugleich erschüttert von der Intensität des Geschehens. „Diese Menschen glauben, dass ihre körperliche Vereinigung nicht nur sie selbst, sondern auch die Natur und das Universum beeinflusst. Sie sehen in der Sexualität eine heilige Kraft, die sowohl schöpferisch als auch zerstörerisch sein kann."

Mephisto lächelte, als er meine Gedanken las. „Genau, Faust! Die Sexualität ist eine Quelle der Energie und der Kreativität, aber auch eine Herausforderung. Sie ist ein Spiegelbild der Dualität des Lebens – von Freude und Schmerz, von Licht und Dunkelheit. Diese Menschen verstehen das und feiern es."

Ich sah, wie die Priester und Priesterinnen in einem Kreis um einen Altar tanzten, ihre Bewegungen fließend und hypnotisierend, während sie die Energien des Raumes anriefen. „In dieser Vereinigung von Körper und Geist", erklärte Mephisto weiter, „erleben sie die Verbindung mit dem Göttlichen. Sie glauben, dass sie durch diese Rituale die Kräfte der Natur besänftigen und das Gleichgewicht in der Welt aufrechterhalten können."

„Aber was ist mit der Verantwortung, die mit dieser Macht einhergeht?", fragte ich, besorgt über die möglichen Konsequenzen solcher Praktiken.

„Ah, die Verantwortung!", antwortete Mephisto, seine Stimme wurde ernst. „Das ist der Schlüssel, Faust. Diese Menschen wissen um die Risiken und die Dualität ihrer Handlungen. Sie erkennen, dass jede Handlung Auswirkungen hat – auf sich selbst, auf andere und auf die Natur. In ihrer Anbetung liegt eine tiefe Weisheit, die viele vergessen haben."

Ich spürte, wie sich in mir eine Erkenntnis regte. „Die Verbindung zwischen Lust und Verantwortung ist eine fundamentale Wahrheit", murmelte ich. „In der

Akzeptanz und dem Verständnis dieser Dualität liegt der Schlüssel zu einem erfüllten Leben."

Mephisto nickte zustimmend. „Ganz genau, mein lieber Faust! Du beginnst, die tiefere Bedeutung hinter den Symbolen zu erfassen, und das ist ein entscheidender Schritt auf deinem Weg zur Erkenntnis. Der Bock von Mendes ist weit mehr als nur ein bloßes Abbild der Fruchtbarkeit. Er verkörpert eine tiefere, universelle Wahrheit und fungiert als ein weiser Lehrer, der uns essentielle Lektionen über das Leben und die Natur vermittelt.

In seiner Gestalt vereinen sich die Kräfte der Natur, die sowohl das Wachstum als auch das Vergehen umfassen. Der Bock symbolisiert die Zyklizität des Lebens, die ständige Wiederkehr von Geburt und Tod, von Erneuerung und Zerstörung. Diese Dualität ist nicht nur ein Merkmal der Natur, sondern auch ein Spiegelbild der menschlichen Erfahrung. Die Weisheit, die in Banebdjedet steckt, ist das Wissen um diese Balance – die Erkenntnis, dass Schöpfung und Zerstörung untrennbar miteinander verbunden sind.

Wenn wir die Kräfte der Fruchtbarkeit und des Lebens feiern, müssen wir uns auch der Verantwortung bewusst sein, die mit dieser Schöpfung einhergeht. Der Bock von Mendes lehrt uns, dass jede Handlung, jede Entscheidung, die wir treffen, Konsequenzen hat, sowohl für uns selbst als auch für die Welt um uns herum. Indem wir diese Verantwortung anneh-

men, können wir lernen, im Einklang mit den natürlichen Zyklen zu leben und die Harmonie zwischen
den Kräften, die uns umgeben, zu wahren.

So wird der Bock von Mendes nicht nur zu einem
Symbol für das, was wir erschaffen können, sondern
auch zu einem Mahnmal für die Achtsamkeit, die wir
in unserem Handeln walten lassen müssen. Er
erinnert uns daran, dass wir Teil eines größeren
Ganzen sind, in dem jede Schöpfung auch die Möglichkeit der Zerstörung birgt. Und in dieser Erkenntnis liegt die wahre Weisheit der Natur – die Fähigkeit, das Gleichgewicht zu finden und zu bewahren,
während wir die Fülle des Lebens zu erfassen."

Als die Zeremonie ihren Höhepunkt erreichte, wurde
ich von einem Gefühl der Ehrfurcht überwältigt. Ich
erkannte, dass diese Menschen, durch ihre Riten und
ihren Glauben, eine tiefe Verbindung zur Natur und
zu ihrem eigenen Wesen herstellten.

„Der Bock von Mendes bleibt ein faszinierendes
Symbol der alten ägyptischen Kultur und Religion",
schloss Mephisto, als wir uns von der Zeremonie
zurückzogen. „Er zeigt die tiefen Verbindungen
zwischen Mensch, Natur und dem Göttlichen. Die
Lehren, die hier praktiziert werden, sind zeitlos und
relevant, auch in deiner modernen Welt."

Mit diesen Worten verblasste die Vision, und ich fand
mich in meinem Labor wieder, das Licht der Kerzen

flackerte um mich herum. Die Erkenntnisse, die ich gewonnen hatte, brannten in meinem Herzen.

Die Vision von der Schlange

In der Stille der Nacht, als die Welt in einen sanften Schlummer gefallen war, umhüllte mich die Dunkelheit wie ein weiches Tuch. Der Mond, ein strahlender Wächter des Himmels, ergoss sein silbernes Licht über mein Arbeitszimmer und tauchte die Wände in ein geheimnisvolles Glühen. Die Schatten tanzten leise, während das Knistern des Kamins die ruhige Atmosphäre durchbrach. Ich sank in einen tiefen Schlaf, und meine Gedanken verwandelten sich in einen Nebel, der mich in eine andere Welt entführte.

Plötzlich fand ich mich im Garten Eden wieder, einem Ort, der in den Erzählungen der alten Schriften lebendig wurde. Überall um mich herum erstreckte sich eine üppige, lebendige Flora, die in einem Kaleidoskop von Farben erblühte. Die Pflanzen schienen zu pulsieren, als ob sie in einem geheimen Rhythmus lebten, der nur den Eingeweihten bekannt war. Die Blätter der Bäume, glänzend und saftig, rauschten sanft im Wind, während die Blumen in voller Pracht erblühten und ihre Blütenblätter wie kostbare Juwelen im Licht des Tages präsentierten.

Der Gesang der Vögel erfüllte die Luft, und ihre Melodien klangen wie eine Symphonie der Schöpfung. Jeder Ton war ein Ausdruck von Freude und Freiheit, und ich konnte das Gefühl der Unschuld und des Staunens spüren, das diese Kreaturen umgab. Die Vögel schwebten hoch am Himmel, ihre bunten Flügel blitzten im Sonnenlicht, während sie in harmonischen Chören die Schönheit ihrer Umgebung feierten. Es war, als ob die ganze Natur in einem Zustand der Ekstase war, und ich wurde Teil dieses wundersamen Geschehens.

Die Luft war erfüllt von einem süßen Duft, der die Sinne betörte und mich in einen Zustand der Glückseligkeit versetzte. Es war der berauschende Geruch von reifen Früchten, die von den Bäumen hingen, und von blühenden Blumen, deren Aromen miteinander tanzten und ein olfaktorisches Festmahl schufen. Ich atmete tief ein, und die Frische der Natur durchdrang meinen Körper, als ob ich die Essenz des Lebens selbst schmecken könnte.

Mit jedem Schritt, den ich in diesem Paradies machte, fühlte ich mich mehr und mehr mit der Umgebung verbunden. Der weiche Boden unter meinen Füßen war mit einem Teppich aus Moos und bunten Blütenblättern bedeckt, und ich konnte das sanfte Prickeln der Erde spüren, die mir die Wärme ihrer Energie übermittelte. Ich wanderte weiter, und vor mir öffnete sich eine Lichtung, die von majestätischen Bäumen umrahmt war. Ihre gewaltigen Äste breiteten sich wie schützende Arme aus, und das Licht, das durch das Blätterdach fiel, malte goldene Muster auf den Boden.

In der Mitte dieser Lichtung stand ein glitzernder Wasserfall, dessen kristallklares Wasser in einem sanften Rauschen in einen klaren See plätscherte. Die Oberfläche des Wassers funkelte im Licht, und ich konnte die Fische sehen, die fröhlich umher schwammen, als wären sie Teil eines lebendigen Gemäldes. Ich näherte mich dem Wasser und beugte mich hinunter, um mein Spiegelbild zu betrachten. Doch anstatt nur mich selbst zu sehen, erblickte ich die ganze Schönheit des Gartens, die sich in meinen Augen spiegelte – die Farben, die Klänge, die Düfte – alles war eins.

In diesem Moment der tiefen Einsicht spürte ich eine Welle der Erfüllung, die durch meinen Körper strömte. Ich war nicht nur ein Beobachter in dieser Welt, sondern ein Teil von ihr, verwoben in das Netz des Lebens, das alles umgab. Der Garten Eden war nicht nur ein Ort der Schönheit; er war ein Symbol für die Unschuld, die Freude und die unendlichen Möglichkeiten, die das Leben zu bieten hatte. Und während ich dort stand, umgeben von der Pracht des Schöpfungswerks, wusste ich, dass ich in diesem Paradies nicht nur einen Ort, sondern auch einen

Zustand des Seins gefunden hatte, der weit über die Grenzen der physischen Welt hinausging.

Vor mir stand Adam, stark und majestätisch, und Eva, deren Schönheit die der Blumen um sie herum übertraf. Doch zwischen ihnen schlang sich die Schlange, ihre schillernde Haut glänzte im Licht und ihre Augen funkelten wie Sterne. In diesem Moment trat Mephisto, der Teufel, aus dem Schatten, ein geheimnisvolles Lächeln auf den Lippen, das sowohl Verführung als auch Wissen versprach.

„Ah, Faust", sprach er mit einer Stimme, die wie der Klang von Glocken in der Ferne war. „Willkommen in diesem Paradies, das so oft als ein Ort der Unschuld und Reinheit beschrieben wird. Aber sieh genau hin!"

verlockenden Apfel reichte. „Das ist die Versuchung", erklärte Mephisto weiter. „Die Versuchung, das Unbekannte zu erforschen, die Grenzen des eigenen Selbst."

Ich stand am Rande des Geschehens, meine Augen fixiert auf die Szene, die sich vor mir entfaltete. Die Schlange, elegant und geschmeidig, wendete sich in sanften Bögen um Eva. Ihr Schimmer war hypnotisierend, ein Spiel aus Licht und Schatten, das die Luft um uns herum zum Flirren brachte. Mit jedem sanften Schwung ihrer geschuppten Körperteile schien sie das Geheimnis des Lebens selbst zu verkörpern, als wäre sie der lebendige Ausdruck der uralten Weisheit, die in der Dunkelheit verborgen lag.

Eva, mit ihrem leuchtenden Haar und den strahlenden Augen, schien in einem Zustand der entrückten Faszination gefangen zu sein. Ich konnte die subtile Spannung in der Luft spüren, als die Schlange ihr zart über die Haut glitt, als wollte sie sie in eine Welt einführen, die jenseits des Gewöhnlichen lag. Es war, als ob die Zeit für einen Moment stillstand und alles um uns herum verblasste. In diesem Augenblick war es nur sie und die Schlange, verbunden durch eine unsichtbare Kraft, die sowohl verführerisch als auch beängstigend war.

„Die Menschen fürchten sich oft vor dieser Kraft", murmelte ich leise, während ich die Szene in mich aufsog. „Sie wissen, dass sie die Dunkelheit in sich selbst erkennen müssen." Es war eine Erkenntnis, die mir mit jeder Sekunde klarer wurde. Die Dunkelheit, die in jedem von uns schlummert, ist nicht nur ein Symbol für das Böse oder die Sünde. Sie ist der Ort, an dem unsere tiefsten Ängste und unerfüllten Wünsche wohnen, die Schatten unserer Seele, die wir oft lieber ignorieren oder verdrängen.

Doch während ich Eva und die Schlange beobachtete, wurde mir auch bewusst, dass in dieser Dunkelheit das Licht verborgen lag. „Doch in dieser Dunkelheit liegt auch das Licht", dachte ich, und die Worte hallten in meinem Geist wider. Es war eine paradoxe

Wahrheit – dass das, was wir fürchten, oft das ist, was uns die größte Freiheit schenken kann. Die Schlange, die sich um Eva wand, war nicht nur ein Symbol für Versuchung, sondern auch ein Katalysator für Transformation. Sie bot die Möglichkeit, die innere Kraft zu entfesseln, die in jedem Menschen schlummert, eine Energie, die sowohl schöpferisch als auch zerstörerisch sein kann.

Ich sah, wie Eva in diesem Moment eine Entscheidung traf. Ihr Blick war entschlossen, als sie die Schlange betrachtete, die sich um sie wand. Es war, als ob sie die Herausforderung annahm, sich selbst zu erkennen – sowohl in ihrem Licht als auch in ihrem Schatten. Die Schlange, die sie umschlang, war nicht nur ein Zeichen der Verführung, sondern auch ein Lehrer, der sie aufforderte, die tiefsten Geheimnisse ihrer eigenen Natur zu erforschen.

In diesem Augenblick wurde mir klar, dass jeder von uns, wie Eva, auf der Schwelle zu einer Entscheidung steht.

„Aber ist das nicht gefährlich?", fragte ich, mein Herz schlug schneller. „Könnte es nicht zu Zerstörung führen?"

„Ja", nickte Mephisto. „Doch das Leben selbst ist ein Tanz zwischen Licht und Schatten. Es ist die Balance, die entscheidend ist. Die sexuelle Energie, oft als Kundalini bezeichnet, ist eine der kraftvollsten und mysteriösesten Kräfte, die in jedem Menschen schlummert. Sie ruht wie eine schlafende Schlange an der Basis der Wirbelsäule, bereit, sich zu erheben und das Bewusstsein zu erweitern. Diese Energie ist nicht nur ein Trieb oder ein Verlangen; sie ist eine schöpferische Kraft, die das Potenzial hat, Leben zu schenken, Ideen zu gebären und tiefgreifende Transformationen hervorzubringen. Doch in ihrer ungezähmten Form kann sie auch zerstörerisch wirken, wie ein Sturm, der alles mit sich reißt, was ihm im Weg steht.

Stell dir vor, wie diese Energie, wenn sie erweckt wird, wie ein Feuer in dir lodert. Es beginnt mit einem leisen Knistern, einem sanften Flüstern, das aus der Tiefe deines Seins emporsteigt. Du spürst es in deinen Adern pulsieren, ein unaufhaltsames Verlangen, das dich dazu drängt, die Grenzen deines eigenen Ichs zu überschreiten. In diesem Moment der Erweckung wird dir bewusst, dass du die Macht hast, etwas zu schaffen, das größer ist als du selbst – sei es ein Kunstwerk, eine leidenschaftliche Beziehung oder ein Traum, den du schon lange hegst.

Doch diese Kraft ist nicht ohne Risiken. Wenn Kundalini unkontrolliert entfesselt wird, kann sie wie ein ungezähmtes Tier wüten, Zerstörung und Chaos hinterlassend. Beziehungen können unter dem Druck übermäßiger Leidenschaft zerbrechen, und die Suche nach Vergnügen kann in einem Strudel von Abhängigkeiten enden. Wenn wir nicht lernen, diese Energie zu kanalisieren, kann sie uns in die Dunkelheit führen und uns von unserem wahren Selbst entfremden.

Es ist diese Dualität – die schöpferische und die destruktive Seite der Kundalini – die die Essenz unserer menschlichen Erfahrung ausmacht. Jeder von uns steht vor der Wahl, wie wir mit dieser Macht umgehen. Es ist eine Entscheidung, die tief in unseren Herzen verwurzelt ist und oft von unseren Ängsten und unserem Unverständnis geprägt wird. Viele neigen dazu, diese Energie abzulehnen oder zu unterdrücken, aus Angst vor dem, was sie entfesseln könnte. Doch in dieser Ablehnung liegt eine Falle; sie führt nur dazu, dass wir uns von unserer eigenen Natur entfremden.

Die wahre Freiheit liegt nicht im Verdrängen oder Ignorieren dieser Kräfte, sondern im Verständnis und in der Akzeptanz. Es ist, als würde man lernen, mit einem mächtigen Fluss zu paddeln. Wenn du die Strömung verstehst, kannst du sie nutzen, um voranzukommen, sie kann dich tragen und dir neue Wege eröffnen. Doch wenn du versuchst, gegen den Strom zu schwimmen, wirst du nur erschöpfen und letztendlich untergehen.

Um diese Freiheit zu erreichen, musst du dich auf eine Reise der Selbsterkenntnis begeben. Du musst bereit sein, in die Tiefen deiner Seele hinabzutauchen und dich mit deinen innersten Sehnsüchten und Ängsten auseinanderzusetzen. Es erfordert Mut, die Schatten anzuerkennen, die in dir wohnen, und die Wunden zu heilen, die dich zurückhalten. Doch durch diesen Prozess des Verstehens und der Akzeptanz kannst du die Kundalini in ihrer reinsten Form erleben – nicht als eine Quelle der Zerstörung, sondern als eine Kraft, die dich erhebt und dich dazu befähigt, dein volles Potenzial zu entfalten.

Du wirst erkennen, dass diese Energie nicht nur ein Teil von dir ist, sondern auch ein Teil des größeren Ganzen. Sie verbindet dich mit der Welt um dich herum und mit den Menschen, die deinen Weg kreuzen. Wenn du lernst, diese Kraft zu ehren und verantwortungsvoll damit umzugehen, wirst du nicht nur dein eigenes Leben transformieren, sondern auch die Leben derjenigen, die mit dir verbunden sind. Die sexuelle Energie, die Kundalini, wird zu einem Werkzeug der Schöpfung, das dich in die Lage versetzt, Liebe, Freude und Schönheit in die Welt zu bringen."

In diesem Moment fühlte ich eine Welle der Erkenntnis durch meinen Körper strömen. Die Schlange, die oft als das Symbol des Bösen angesehen wurde, war in Wirklichkeit der Schlüssel zu einem tieferen Verständnis des Lebens. Ich sah Adam und Eva, die in ihrer Unschuld gefangen waren, und erkannte, dass sie, um wirklich zu leben, die Dunkelheit und das Licht in sich selbst annehmen mussten.

„Die Essenz des Lebens liegt in der Verbindung", fuhr Mephisto fort, seine Augen leuchteten vor Wissen. „Die Verbindung zwischen dem Geist und dem Körper, zwischen dem Männlichen und dem Weiblichen, zwischen dem Göttlichen und dem Menschlichen. Wenn diese Kräfte in Harmonie sind, entsteht wahre Erfüllung."

Gerade als ich diese tiefe Einsicht zu begreifen begann, erwachte ich aus meinem Traum. Der Garten Eden, Adam und Eva, die Schlange – alles verblasste, und ich fand mich in meinem dunklen Arbeitszimmer wieder. Doch die Worte Mephistos hallten in meinem Geist wider, und ich wusste, dass ich eine Reise begonnen hatte, die mich tief in die Geheimnisse des Lebens führen würde.

Ich griff nach meinem Federkiel, um meine Gedanken niederzuschreiben, denn ich war mir sicher, dass dies nicht nur ein Traum gewesen war, sondern eine Offenbarung, die mein Leben für immer verändern würde.

Die Vision von Kain

In einer Nacht, als die Schatten der Dunkelheit die Welt umhüllten und der Mond in silbernem Glanz erstrahlte, fand ich mich in einem Traum wieder, der mich in die tiefsten Abgründe der menschlichen Seele führte. Der Teufel, in der Gestalt des Mephisto, trat an meine Seite und sprach mit einer Stimme, die das Echo der Jahrhunderte in sich trug.

„Faust, mein Freund", begann er, „lass mich dir die Geschichte von Kain und Abel erzählen, nicht wie sie dir bekannt ist, sondern wie sie wirklich war. Sieh mit meinen Augen, höre mit meinem Ohr und fühle mit meinem Herzen."

Und so wurden wir in die Zeit zurückversetzt, als die ersten Menschen das Antlitz der Erde betraten. Ich fand mich in einem Garten, der von der Unschuld der Schöpfung erfüllt war, umgeben von Blumen und Früchten, die in leuchtenden Farben erstrahlten. Dort standen Kain und Abel, Brüder, doch in ihren Herzen trugen sie die Last der Rivalität.

Mephisto führte mich näher heran, und ich sah, wie Kain, der Ältere, in der Hitze der Sonne arbeitete, den Boden umpflügte und die Ernte bestellte. „Sieh, Faust", flüsterte Mephisto, „Kain ist der Schöpfer, der aus der Erde Leben hervorbringt. Seine Hände sind rau, doch sein Herz schlägt für die Mühe und die Frucht seiner Arbeit."

Abel hingegen war ein Hirt, der mit den Schafen durch die Wiesen streifte, und ich konnte die Sanftheit seiner Bewegungen und die Ruhe, die ihn umgab, förmlich spüren. Sein Blick war voller Zärtlichkeit, als er sich um die sanften Geschöpfe kümmerte, die ihm anvertraut waren. Die Wiesen waren ein Meer aus grünem Gras, das im Wind wie Wellen schaukelte, und das Licht der Sonne fiel warm auf Abels Gesicht. Er sprach mit den Tieren, als wären sie seine ältesten Freunde, und sein Lachen, so rein und unbeschwert, ließ die Luft um ihn herum lebendig erscheinen.

„Sieh, Faust", flüsterte Mephisto, während er mit einem scharfen Blick auf Abel deutete, „hier sehen wir einen Mann, dessen Herz in Einklang mit der Schöpfung schlägt. Abel ist nicht nur ein Hirt; er ist der Hüter der Unschuld und der Verbundenheit mit der Natur. Seine Liebe zu den Schafen ist eine Reflexion seiner Seele, die sich nach der Gunst des Schöpfers sehnt. Aber in dieser Hingabe, in diesem Streben nach Göttlichkeit, liegt auch der Keim des Neides, der bald Kain in den Abgrund ziehen wird."

Ich beobachtete weiter, wie Abel ein besonders schwaches Lamm sanft umarmte. Seine Hände waren stark, doch sie hielten das Tier mit einer solchen Zärtlichkeit, dass ich die Verbindung zwischen ihnen spüren konnte. Es war eine Verbindung, die über das Physische hinausging, eine Symbiose von Leben und Liebe. Abel schien im Einklang mit den Schwingungen der Erde zu stehen, während er mit jedem Schritt über die Wiesen schritt, mit jedem sanften Wort, das er den Tieren zuflüsterte.

Doch während ich Abel betrachtete, spürte ich auch die Schatten, die sich um Kain zusammenzogen. Kain, der in der Ferne arbeitete, war ein Bild des Schaffens, doch seine Hände waren von der rauen Erde und der Anstrengung gezeichnet. Wo Abel in der Gemeinschaft mit seinen Tieren lebte, war Kain allein in seinem Kampf um Anerkennung. „Sieh, Faust", fuhr Mephisto fort, „Kain ist gefangen in der Spirale der Vergleiche. Er sieht Abel, der die Gunst Gottes erlangt, und sein Herz wird schwer von der Last des Neides. Es ist nicht nur der Wunsch, das zu haben, was Abel hat; es ist der verzweifelte Wunsch, gesehen und anerkannt zu werden, der ihn zerfrisst."

Kains Neid war wie ein Schatten, der sich über seine Seele legte, und ich konnte förmlich spüren, wie er in ihm nagte. Während Abel in der Sonne tanzte, wurde Kain von der Dunkelheit umhüllt. „Er sieht, wie Abel die Herzen der Menschen gewinnt, während er selbst in der Stille der Erde gefangen ist", erklärte Mephisto mit einem scharfen Lächeln. „Kain ist ein Mann, dessen Wert an seiner Arbeit gemessen wird, und diese Messung ist unbarmherzig. Er fragt sich, warum die Mühe, die er aufbringt, nicht die gleiche Anerkennung findet wie Abels Hingabe. Der Neid wird zum Gift, das seine Gedanken durchdringt, und er kann sich nicht von dem Glauben befreien, dass er weniger wert ist."

Ich sah, wie Kain an einem Tag, als die Sonne hoch am Himmel stand, seine Ernte präsentierte. Die Früchte waren schön und reichhaltig, doch in seinen Augen lag kein Glanz der Freude, nur der Schatten des Vergleichs. Er war umgeben von den Farben und dem Duft seiner Ernte, und doch fühlte er sich leer. „Sein Herz ist ein Gefängnis", murmelte Mephisto. „Er kann die Schönheit seiner Arbeit nicht sehen, denn sein Blick ist auf das gerichtet, was ihm fehlt. Der Neid hat seine Seele vergiftet, und er kann nicht anders, als in der Dunkelheit zu wandeln, während Abel im Licht strahlt."

Abel, der in seiner Unschuld lebte, ahnte nichts von dem Sturm, der in Kain wütete. Er opferte seine besten Tiere mit einem Herzen voller Dankbarkeit, überzeugt, dass seine Hingabe die Gunst Gottes erlangen würde. „Aber was ist Hingabe, wenn sie nicht auch die Anerkennung findet, die sie sucht?", fragte Mephisto mit einem scharfen Funken in seinen Augen. „Kain sieht Abels Opfer, das in den Himmel aufsteigt, und er fragt sich, ob seine eigenen Anstrengungen nicht ebenso wertvoll sind. Doch der Neid ist ein blinder Richter, und er verleiht Kain die

Illusion, dass das, was Abel erreicht hat, ihm vorenthalten wird."

Ich konnte die Tragik dieser beiden Brüder förmlich spüren, die in einem ungleichen Wettkampf gefangen waren. Abel, der in der Liebe lebte, und Kain, der in der Dunkelheit des Neides gefangen war, standen am Rande eines Abgrunds, der sich bald öffnen würde. Ich war Zeuge einer tiefen menschlichen Tragödie, die sich nicht nur aus Rivalität, sondern auch aus dem verzweifelten Streben nach Anerkennung und der Angst vor dem eigenen Wert speiste.

„Und so, Faust", schloss Mephisto mit einem kalten Lächeln, „wirst du sehen, wie der Neid Kain in den Abgrund zieht, und in diesem Moment wird die Unschuld der Menschheit in den Schatten der Dunkelheit fallen. Denn der Neid ist nicht nur ein Gefühl; er ist ein Monster, das in den Tiefen der menschlichen Seele lauert und darauf wartet, entfesselt zu werden."

In dieser Zeit des Schaffens und der Liebe, als die Erde in voller Blüte stand und der Himmel in strahlendem Blau leuchtete, schien es, als könnten die Brüder Kain und Abel nicht weiter voneinander entfernt sein. Die Wiesen waren ein lebendiges Bild des Friedens, die Luft erfüllt von den Klängen der Natur und dem fröhlichen Blöken der Schafe, die Abel mit so viel Hingabe hütete. Doch während die Sonne über Abels sanften, liebevollen Umgang mit seinen Tieren strahlte, schlich sich in Kains Herz eine Dunkelheit ein, die ihn mehr und mehr von seinem Bruder entfremdete.

Kain, der von der Erde lebte und die mühsame Arbeit des Pflügens und Erntens verrichtete, fühlte sich in seiner Anstrengung übersehen. Er war der Ältere, der Starke, und doch schien alles, was er tat, im Schatten von Abels unbeschwertem Glück zu stehen. Die Früchte seiner Arbeit waren üppig und reich, doch in seinen Augen war kein Glanz der Zufriedenheit zu finden. Stattdessen nagte der Neid an ihm wie ein hungriger Wurm, der sich durch die Wurzeln seiner Seele fraß. „Warum wird mein Opfer nicht gewürdigt?", fragte er sich immer wieder. „Warum ist mein Schweiß nicht so wertvoll wie Abels Gaben?"

Mephisto, der neben mir stand und die Szene mit einem schadenfrohen Lächeln beobachtete, schien die innere Zerrissenheit Kains mit scharfer Freude zu genießen. „Sieh, Faust", flüsterte er mit einer Stimme, die die Kälte der Nacht in sich trug. „Neid ist ein giftiger Same, der im Herzen des Menschen Wurzeln schlägt. Er verwandelt das Licht in Dunkelheit und die Liebe in Hass."

Kains Gedanken wanden sich wie ein dichter Nebel um sein Herz. Der Neid, der in ihm wuchs, war nicht nur ein Gefühl; es war eine dunkle Macht, die seine Wahrnehmung verzerrte. Jedes Mal, wenn er Abel sah, der mit seinen Schafen spielte oder die besten

Tiere opferte, fühlte Kain, wie sich ein eisiger Griff um seine Brust legte. Er konnte die Freude in Abels Augen sehen, die strahlende Unschuld, die ihn umgab – und gleichzeitig spürte er, wie sich die Kluft zwischen ihnen vertiefte. „Warum sollte ich für die Gunst Gottes arbeiten, wenn mein Bruder mit Leichtigkeit das erhält, was mir verwehrt bleibt?"

Kain begann, sich in einem Netz aus Gedanken und Emotionen zu verlieren, das ihn umschloss wie ein dunkler Schleier. Seine einst so liebevolle Verbundenheit zur Natur, die ihm einst Trost gespendet hatte, wurde von einem Gefühl der Abneigung und des Hasses überschattet. Er sah die Erde nicht mehr als seine Mutter, die ihm Nahrung gab, sondern als eine grausame Herrin, die ihn mit harter Arbeit bestrafte, während Abel in der Gnade des Himmels schwelgte. In Kains Geist war Abel nicht mehr nur sein Bruder, sondern ein Rivale, der ihm die Liebe und die Anerkennung entzogen hatte, nach der er so verzweifelt strebte.

„Sieh, Faust", fuhr Mephisto fort, seine Augen blitzten vor Bosheit, „der Neid hat Kains Herz in ein Gefängnis verwandelt. Er sieht nicht mehr die Schönheit seiner eigenen Ernte, sondern nur den Glanz der Opfergaben Abels. Der Mensch, der von Neid erfüllt ist, kann die Freude nicht mehr erkennen, die in seinen eigenen Taten liegt. Stattdessen wird alles, was er sieht, durch den Schleier des Hasses verzerrt."

In dieser Dunkelheit, die Kains Seele umhüllte, war der Hass wie ein Feuer, das in ihm loderte. Es war ein tiefes, brennendes Gefühl, das nicht nur gegen Abel gerichtet war, sondern auch gegen sich selbst. Kain fühlte sich schwach und unzulänglich, und der Hass, der in ihm wuchs, wurde zu einer Art verzweifelter Kraft. Er wollte Abel nicht nur übertreffen, sondern ihn auch dafür bestrafen, dass er ihm die Liebe und Anerkennung entzogen hatte, die er sich so sehr wünschte.

„Der Hass ist ein gefährlicher Begleiter", murmelte Mephisto mit einem schmalen Lächeln, als wäre er Zeuge eines schrecklichen Schauspiels. „Er kann die tiefsten Bindungen zerreißen und selbst die stärksten Herzen entzwei schlagen. Kain wird bald erkennen, dass der Hass nicht nur gegen Abel gerichtet ist, sondern auch gegen sich selbst. Er wird zu einem Gefangenen seiner eigenen Emotionen, unfähig, den Ausweg aus diesem Labyrinth der Dunkelheit zu finden."

Ich konnte die Tragik der Situation förmlich fühlen. Kain, der einst so viel Potenzial und Liebe in sich trug, war nun gefangen in einer Spirale des Neids und des Hasses, die ihn immer weiter hinabzog. Die Kluft zwischen den Brüdern, die einst von Liebe und Verständnis geprägt war, schien jetzt unüberwindbar. Der Neid hatte sich wie ein dunkler Schatten über ihre Beziehung gelegt und drohte, alles zu zerstören, was sie einst verbunden hatte.

„Der Mensch ist oft sein eigener schlimmster Feind", flüsterte Mephisto, während er den Blick auf Kain richtete, dessen Gesicht von Zorn und Verzweiflung gezeichnet war. „In seinem Streben nach Anerkennung kann er die Liebe, die ihm einst gegeben wurde, in den Abgrund stürzen. Der Hass, der aus Neid geboren wird, ist ein schrecklicher Meister, der die Herzen der Menschen in Dunkelheit und Schmerz hüllt."

Und so sah ich, wie die Kluft zwischen Kain und Abel immer größer wurde, ein unüberwindbares Hindernis, das aus den Schatten des Neides und des Hasses entstand. Kains Herz war ein Schlachtfeld, auf dem die Liebe und der Hass gegeneinander kämpften, und in dieser inneren Zerrissenheit lag die Saat der Tragödie, die bald in einem unvorstellbaren Akt des Verbrechens aufblühen würde.

An einem Tag, als der Himmel in tiefes Blau getaucht war und die Sonne in goldenen Strahlen über die Erde strahlte, schien die Welt in einem perfekten Gleichgewicht zu schweben. Die Vögel sangen ihre Lieder, und der Duft der Blumen erfüllte die Luft mit einer süßen Verheißung. Inmitten dieser Idylle bereitete sich Kain, der Ältere, darauf vor, sein Opfer darzubringen, während Abel, der Jüngere, mit einem Herzen voller Freude und Dankbarkeit zu den besten Tieren seiner Herde eilte.

Kain stand allein in seinem Feld, umgeben von den Früchten seiner harten Arbeit. Er hatte Tag für Tag geschuftet, den Boden umgegraben, die Saat ausgesät und die Ernte eingefahren. Doch während er die glitzernden Äpfel und die prallen Trauben betrachtete, überkam ihn ein Gefühl der inneren Leere. Die Früchte waren schön, das wusste er, doch in diesem Moment schien sie ihm wie Schatten seiner selbst. Sie waren das Ergebnis seiner Mühe, doch sie trugen nicht die Bedeutung, die er sich ersehnte. Kain fühlte sich wie ein Gefangener in einem goldenen Käfig, dessen Schönheit ihn nur noch mehr an die Ketten erinnerte, die ihn hielten.

„Was kann ich dir bringen, o Gott?", murmelte er leise, während er die Früchte in seinen Händen betrachtete. „Sind sie nicht genug? Ist meine Arbeit nicht wertvoll?"

Er erinnerte sich an die Geschichten, die von den Opfern der Väter erzählt wurden, von den Gaben, die mit Liebe und Hingabe dargebracht wurden. Abel hingegen hatte eine besondere Verbindung zu seinen Schafen, eine Zärtlichkeit, die Kain nur schwer nachvollziehen konnte. Er wusste, dass Abel das Beste opfern würde, das Beste aus seiner Herde – das, was ihm am meisten bedeutete. Diese Gedanken nagten an Kains Seele wie ein hungriger Wurm.

„Was kann ich tun, um die Gunst Gottes zu gewinnen?", fragte er sich und spürte, wie der Druck des Neids in seiner Brust wuchs.

Als sie schließlich am Altar standen, war die Atmosphäre von einer Spannung durchzogen, die wie ein unsichtbares Band zwischen den Brüdern hing. Abel trat mit einem strahlenden Lächeln vor, seine Augen funkelten vor Freude. Er wählte das beste Lamm aus, das er besaß, und opferte es mit einer Hingabe, die Kain in den Schatten stellte. Der Rauch von Abels Opfer stieg in den Himmel auf, und die Wolken schienen ihm zuzulächeln. Es war, als würde die ganze Schöpfung seinem Opfer Beifall zollen, als würde die Erde selbst ihn umarmen und die Götter ihm ihre Gunst erweisen.

Kain beobachtete das Spektakel mit einem Kloß im Hals. Der Anblick des aufsteigenden Rauchs war für ihn wie ein Dolch, der tief in sein Herz stach. Ein Schauer der Verzweiflung durchfuhr ihn, während er sah, wie Abels Opfer in den Himmel aufstieg, während sein eigenes, die Früchte seiner Arbeit, in der Luft verwehte. Der Wind trug sie fort, als wären sie nichts weiter als Staub, der im Nichts verschwindet. Kains Herz zog sich zusammen, und er fühlte, wie ein eisiger Griff um seine Brust lag.

„Warum ist mein Opfer nicht wertvoll?", schrie eine innere Stimme in ihm, die von Schmerz und Wut durchzogen war. „Warum wird mein Mühen nicht anerkannt? Warum kann ich nicht sein wie Abel, der mit Leichtigkeit die Gunst des Schöpfers gewinnt?"

Der Schmerz, den Kain fühlte, war tief und vielschichtig. Es war nicht nur der Schmerz des Neids, sondern auch der Schmerz der Ablehnung, der ihn quälte. In diesem Moment fühlte er sich wie ein Außenseiter in seiner eigenen Familie, ein Schatten, der hinter dem Licht seines Bruders zurückblieb. Die Kluft zwischen ihnen wurde zu einem Abgrund, der nicht nur die Brüder, sondern auch Kains Seele zu zerreißen drohte. Er fühlte sich entfremdet von der Welt, von Gott und von sich selbst.

„Ich bin nichts wert", flüsterte er, während die Tränen in seinen Augen brannten. „Meine Arbeit ist nichts, meine Opfer sind nichts. Ich bin nur der Bruder, der im Schatten steht." Der Gedanke, dass seine Mühe nicht die gleiche Anerkennung fand wie die Hingabe Abels, war wie ein schweres Gewicht auf seinem Herzen, das ihn immer weiter in die Dunkelheit zog.

Kain wandte sich ab, als Abel mit einem strahlenden Gesicht zu ihm trat, voller Freude über die Annahme seines Opfers. „Kain, schau! Gott hat mein Opfer angenommen!"

Kains Herz zerbrach ein weiteres Mal. Anstatt Freude zu empfinden, überkam ihn eine Welle des Zorns und der Verzweiflung. „Was ist mit mir?", dachte er

„Was ist mit meinem Schmerz? Wo bleibt meine Anerkennung?" Der Schmerz wurde zu einer drängenden Wut, die in ihm aufstieg wie ein Vulkan, bereit, alles zu verschlingen, was in seiner Nähe war.

In diesem Moment, als die Kluft zwischen den Brüdern unüberwindbar wurde und der Neid wie eine dunkle Wolke über Kains Herz schwebte, wurde ihm klar, dass er nicht nur gegen Abel kämpfte, sondern auch gegen die tiefsten Ängste seiner eigenen Seele. Der Schmerz, den Kain verspürte, war der Schmerz des Verlorenseins, der Schmerz des Nicht-Verstehens, der Schmerz des Ausgeschlossenen in einer Welt, die ihm die Liebe und Anerkennung vorenthalten hatte, die er so sehr ersehnte.

Und während der Rauch von Abels Opfer in den strahlend blauen Himmel stieg, wusste Kain, dass er in diesem Moment eine Entscheidung treffen musste. Der Schmerz, der ihn durchbohrte, konnte ihn entweder in die Dunkelheit ziehen oder ihn dazu bringen, sich selbst zu erkennen und die Liebe zu finden, die er so verzweifelt suchte. Doch in der Dunkelheit, die sein Herz umschloss, war es schwer, den Weg ins Licht zu finden.

„Sieh, Faust!", rief Mephisto mit lauter Stimme. „Kain wurde zum Werkzeug des Zorns. Er fühlte sich verraten, ungerecht behandelt und von Gott verstoßen. Der Neid, der in ihm wuchs, verwandelte sich in einen unstillbaren Durst nach Rache."

Die Sonne stand hoch am Himmel und warf lange Schatten über das Feld, als Kain und Abel gemeinsam hinausgingen. Doch während Abel mit fröhlichem Lächeln und einem Herzen voller Freude die Wiesen durchstreifte, fühlte Kain, wie sich die Dunkelheit in ihm zusammenzog wie ein Gewitter, das am Horizont aufzieht. Er war in einen inneren Kampf verwickelt, der ihn mehr und mehr von seinem Bruder entfremdete. In Kains Brust tobte ein Sturm aus Wut, Neid und Verzweiflung, der ihn wie ein unbarmherziger Feind quälte.

„Komm, lass uns ins Feld gehen", sagte Kain mit einer Stimme, die so kalt und schneidend war wie der Wind, der durch die Bäume pfiff. Abel, ahnungslos und voller Vertrauen, folgte ihm. Er spürte nicht die brodelnde Wut, die in Kains Innerem wuchs. Kain führte ihn tiefer ins Feld, weit weg von den Blicken der anderen, in eine einsame Ecke, wo die Stille wie ein schwerer Vorhang auf ihnen lastete.

In Kains Herz brodelte das Feuer des Neids, das sich in einer entsetzlichen Welle der Wut entlud. Die Bilder von Abels strahlendem Opfer und der himmlischen Annahme brannten sich in sein Gedächtnis ein. Kain fühlte sich wie ein Verlierer, der in der Arena der Götter und Menschen steht, während sein Bruder die Lorbeeren des Sieges erntet. „Warum er? Warum nicht ich?", schrie eine innere Stimme, die ihn gnadenlos anklagte. Die Kluft zwischen ihnen war nicht

nur eine Kluft der Anerkennung; sie war ein Abgrund, der sich zwischen ihrem Wesen auftat und in
dem Kains Zorn zu einem unstillbaren Hunger
anwuchs.

In diesem Moment, als sie in der Einsamkeit des
Feldes standen, schien die Welt um Kain herum zu
verschwommen. Der Wind, der sanft durch die Hal-
me strich, wurde zu einem zornigen Heulen, und die
Vögel, die über ihnen flogen, schienen Kain zu
verhöhnen. Der Gedanke, dass Abel in der Gunst
Gottes stand und er selbst in der Dunkelheit gefangen
war, schnürte ihm die Kehle zu. Die Wut, die in ihm
wuchs, war nicht nur gegen Abel gerichtet; sie war
ein Aufschrei gegen die Ungerechtigkeit des Schicksals, das ihn in die Schatten verbannt hatte.

Kain fühlte, wie der Zorn in ihm zu einer körperlichen Präsenz wurde, die ihn übermannte. Es war ein
drängendes, wildes Gefühl, das ihn packte und nicht
mehr losließ. „Ich kann das nicht länger ertragen",
dachte er, während sein Herz wie ein Hammerschlag
gegen seine Brust pochte. „Ich kann nicht in diesem
Schatten leben!"

Abel, der in seiner Unschuld nichts ahnte, wandte
sich Kain zu und begann, von seinen Träumen und
Hoffnungen zu sprechen. „Kain, ich habe das schöns-
te Lamm ausgewählt, um es Gott zu opfern. Ich fühle,
dass er uns segnen wird!" Die Worte seines Bruders
drangen wie scharfe Pfeile in Kains Herz, und jeder

Satz, den Abel sprach, verstärkte den Druck, der ihn innerlich zerfraß.

In diesem Augenblick wurde Kains Zorn zu einem unbändigen Drang, die Kontrolle zu erlangen, die ihm entglitt. „Was weiß er schon von meinem Schmerz?", dachte er. „Was weiß er von der Qual, die ich erlebe?" Der Gedanke, dass Abel in seiner Unschuld lebte, während er selbst in der Dunkelheit gefangen war, wurde zu einem Funken, der ein Feuer entfesselte, das nichts und niemand stoppen konnte.

Kain spürte, wie seine Hände zu Fäusten geballt wurden, und die Kälte der Wut durch seine Adern pulsierte. Er war nicht nur der Bruder, der im Schatten stand; er war ein Mann, der bereit war, alles zu verlieren, um die Balance zurückzugewinnen, die ihm geraubt worden war. „Ich werde nicht länger der Verlierer sein", flüsterte er, während er auf Abel zuraste, seine Gedanken von einem einzigen, brennenden Wunsch durchdrungen: die Kontrolle zurückzugewinnen, den Schmerz zu beenden, die Ungerechtigkeit zu bestrafen.

Der Akt des Mordes, der bald folgen würde, war nicht nur ein physischer, sondern auch ein symbolischer Bruch. Es war der Bruch zwischen den Brüdern, zwischen der Arbeit und der Gunst, zwischen Mensch und Gott. In Kains verzweifeltem Versuch, die Kontrolle zurückzugewinnen, würde er die Kluft zwischen ihm und Abel endgültig vergrößern, und die

Unschuld der Menschheit würde mit einem einzigen, verheerenden Schlag verloren gehen.

„Sieh, Faust", sprach Mephisto, der die Szene mit einer schadenfrohen Genugtuung beobachtete. „In diesem einen Moment wurde Kain zum ersten Mörder, und mit ihm wurde die Unschuld der Menschheit für alle Zeit verloren." Die Worte hallten in Kains Kopf wider, während er den entscheidenden Schritt tat, und in diesem Augenblick wurde ihm klar, dass er nicht nur Abel, sondern auch sich selbst verlieren würde.

Kain hob die Hand, und in der Stille des Feldes, umgeben von der Schönheit der Natur, brach das Unheil über ihn herein. Der Schmerz, der ihn einst gefangen hielt, wurde zu einem Akt der Verzweiflung, und in diesem Augenblick der Dunkelheit erkannte er, dass er nicht nur die Liebe seines Bruders zerstörte, sondern auch die Liebe zu sich selbst, die ihm für immer entrissen werden würde.

Als ich die kalten Augen Kains sah, die über den blutigen Körper Abels blickten, fühlte ich die Kälte des Verbrechens, die die Welt in Dunkelheit hüllte. „Die Frage, die bleibt", flüsterte Mephisto, „ist nicht, ob Kain gestraft wurde, sondern ob er jemals Vergebung finden kann. Denn der Mensch trägt die Last seiner Taten, und die Schatten der Vergangenheit verfolgen ihn bis ans Ende seiner Tage."

Mit diesen Worten begann die Vision zu verblassen, und ich fand mich in meinem Zimmer wieder, das Licht des Morgens drang durch die Fenster. Doch der Eindruck blieb, die Worte Mephistos hallten in meinem Geist wider: „Der Mensch ist der Schöpfer seines eigenen Schicksals, und in seinem Herzen wohnt die Dunkelheit, die er selbst entfesseln kann."

Ich, Dr. Heinrich Faust, war Zeuge einer der ältesten Geschichten der Menschheit geworden, und ich wusste, dass die Lehren aus Kain und Abel für alle Zeiten in den Seelen der Menschen weiterleben würden.

Die Vision vom Tempelbau

In einer Nacht, als die Sterne wie funkelnde Augen am Himmel standen und der Mond sein silbernes Licht über die Erde goss, fand ich mich in einem Traum wieder, der mich erneut in die tiefsten Abgründe der menschlichen Seele führte. Der Teufel, in der Gestalt des Mephisto, trat an meine Seite, und seine Augen schimmerten wie glühende Kohlen, während er mich mit einer Stimme ansprach, die das Echo der Jahrhunderte in sich trug.

„Faust, mein lieber Freund", begann er, „lass mich dir eine Geschichte erzählen, die in den Annalen der Menschheit von großer Bedeutung ist – die Geschichte des salomonischen Tempels. Doch nicht die Geschichten der Menschen sind es, die ich dir zeigen will, sondern die verborgenen Fäden, die das Gewebe dieser Erzählung durchziehen. Sieh mit meinen Augen, höre mit meinem Ohr und fühle mit meinem Herzen, wie die Dämonen, die ich befehle, eine Rolle in diesem monumentalen Werk spielten."

Und so wurden wir in die Zeit zurückversetzt, als der junge König Salomo, der Sohn Davids, in Jerusalem regierte. Die Stadt war ein Ort des Glanzes und der Pracht, und die Menschen lebten in der Hoffnung auf Frieden und Wohlstand. Doch Salomo, von Gott gesegnet mit Weisheit und Reichtum, war von einem

tiefen Verlangen erfüllt: Er wollte einen Tempel bau-
en, der den Herrn ehren und das Volk zusammen-
bringen sollte.

„Sieh, Faust", flüsterte Mephisto, während wir durch
die Straßen Jerusalems schritten. „Die Menschen sind
blind für die Kräfte, die in der Welt wirken. Sie
glauben, dass allein die Hände der Menschen die
Werke vollbringen, doch in Wahrheit sind es die
unsichtbaren Mächte, die die Geschicke der Menschen lenken. Salomo, in seiner Weisheit, wusste um
die Kräfte, die er anrufen konnte."

Ich beobachtete Salomo, der in seiner prächtigen
Robe gekleidet war, während er an einem Tisch aus
kostbarem Holz saß, über den Plänen für den Tempel
gebeugt. Sein Gesicht war von Entschlossenheit erfüllt, die Züge straff und konzentriert, als würde er
die Schöpfung selbst in seinen Händen halten. In
seinen Augen funkelte der Glanz des Ehrgeizes, und
ich konnte die Gedanken und Visionen hinter dieser
Entschlossenheit förmlich spüren: ein Tempel, der
nicht nur ein Ort der Anbetung sein sollte, sondern
auch ein Symbol seiner Macht und seines Erbes.

Doch während ich ihn betrachtete, spürte ich eine
unheimliche Präsenz, die wie ein Schatten über der
Baustelle schwebte. In den Ecken des Raumes
schlichen sich Wesen, die nicht von dieser Welt
waren – Dämonen, deren Augen in der Dunkelheit
leuchteten, ihre Formen verschwommen und grotesk.

Sie bewegten sich mit einer Grazie, die dem Schrecken, den sie verbreiteten, einen beunruhigenden Kontrast verlieh. Ich fühlte, wie sich ein kalter Schauer über meinen Rücken legte, als Mephisto, der an meiner Seite stand, mit einem schadenfrohen Lächeln sprach.

„Die Dämonen, Faust", erklärte er, während er mit einer Handbewegung auf die Schatten deutete, „sind die wahren Architekten dieses Tempels. Sie haben die Fähigkeiten und die Magie, die die Menschen nicht besitzen. Salomo mag weise sein, doch seine Weisheit allein wird nicht ausreichen, um ein Werk von solch monumentalem Ausmaß zu vollbringen. Er braucht die Hilfe der Dunkelheit, um das Licht zu erlangen."

In diesem Moment wurde mir klar, dass Salomos Entschlossenheit nicht nur aus dem Streben nach Ruhm und Ehre resultierte, sondern auch aus einer tiefen inneren Unsicherheit. Er war von der Vorstellung besessen, ein Erbe zu schaffen, das die Zeiten überdauern würde, und in dieser Besessenheit lag eine Angst – die Angst, in der Unendlichkeit der Geschichte vergessen zu werden. Seine Augen, die vor Entschlossenheit funkelten, trugen auch den Schatten des Zweifels. Ich konnte die Gedanken in seinem Inneren hören, die wie ein unaufhörliches Murmeln klangen: „Werde ich genug sein? Werde ich die Erwartungen erfüllen? Wird mein Tempel die Götter besänftigen und mein Volk einen?"

Die Dämonen, die um ihn herum schlichen, schienen diese Unsicherheiten zu spüren, und ich konnte die dunkle Magie, die sie ausstrahlten, förmlich schmecken. Sie hatten ihre eigenen Ziele und Absichten, und während sie darauf warteten, dass Salomo sie rief, war es offensichtlich, dass sie die Schwächen des Königs ausnutzten. Sie schlichen sich in die Ritzen seiner Gedanken, flüsterten ihm verführerische Ideen zu, die seine Ambitionen anheizten und ihn gleichzeitig in die Fänge ihrer eigenen Dunkelheit zogen.

„Salomo ist ein Mann, der an der Schwelle zwischen Licht und Schatten steht", murmelte Mephisto, als er meine Gedanken las. „Er ist von dem Drang getrieben, einen Tempel zu bauen, der die Welt in Staunen versetzt. Doch in diesem Streben verbirgt sich die Gefahr, dass er die Dunkelheit umarmt, um seine Träume zu verwirklichen. Die Dämonen sind bereit, ihm zu helfen – aber der Preis wird hoch sein."

Ich sah, wie Salomo, während er mit den Plänen für den Tempel kämpfte, in einen inneren Konflikt verwickelt war. Die Linien seiner Stirn vertieften sich, als er den Druck spürte, der auf ihm lastete. Er musste die besten Handwerker und Materialien finden, alle Erwartungen erfüllen und gleichzeitig die Götter besänftigen. Doch inmitten dieser äußeren

Herausforderungen war es der Kampf in seinem Inneren, der ihn am meisten quälte.

„Werde ich die Gunst der Götter gewinnen?", dachte er. „Wird dieser Tempel das Zeichen meiner Herrschaft sein oder mein Untergang?"

Die Dämonen, die in den Schatten lauerten, schienen seine innersten Ängste zu erkennen und sich ihrer anzunehmen. Sie flüsterten ihm zu, luden ihn ein, die Grenzen seiner Menschlichkeit zu überschreiten, um seine Ziele zu erreichen. „Vertraue auf uns, Salomo. Wir können dir die Macht geben, die du suchst. Wir können dir helfen, die Götter zu besänftigen und dein Erbe zu sichern. Alles, was du tun musst, ist, uns zu erlauben, dir zu dienen."

Ich spürte, wie sich die Dunkelheit um Salomo zusammenzog, und ich wurde Zeuge, wie er, gefangen in seinem eigenen Ehrgeiz, die Grenze zwischen Licht und Schatten zu überschreiten drohte. Der König, der einst in seiner Weisheit und seinem Glauben stark war, wurde nun zum Spielball der dunklen Mächte, die bereit waren, ihn in ihre Fänge zu ziehen.

„Sieh, Faust", flüsterte Mephisto mit einem spöttischen Lächeln, „die Dämonen sind hier, um Salomo zu zeigen, dass er nicht allein ist. Sie sind die wahren Architekten seines Schicksals, und wenn er nicht aufpasst, wird er ihre Werkzeuge werden. Die Fäden, die er zu spinnen glaubt, werden von ihnen gezogen, und der Tempel, den er erbaut, wird nicht nur ein Ort des Lichts sein, sondern auch ein Gefängnis für seine eigene Seele."

In diesem Moment wurde mir die Tragweite der Situation bewusst. Salomo war nicht nur ein König, der einen Tempel baute; er war ein Mensch, der an der Schwelle zwischen Macht und Untergang stand. In seinem Streben, die Dunkelheit zu besiegen, könnte er sich selbst in die Fänge des Bösen begeben. Und während ich in die tiefen, nachdenklichen Augen des Königs sah, wusste ich, dass die Entscheidung, die er bald treffen würde, nicht nur sein Schicksal, sondern das Schicksal vieler Menschen bestimmen könnte.

Die Dämonen warteten weiter in den Schatten, bereit, ihre Macht zu entfalten, und ich fühlte mich wie ein Zeuge eines unaufhaltsamen Dramas, das sich entfaltete – ein Drama, das die Grenzen von Licht und Dunkelheit in der menschlichen Seele erkunden würde.

Ich sah, wie Salomo die Dämonen herbeirief – Wesen aus den tiefsten Abgründen, die bereit waren, ihm zu dienen, um ihre eigenen finsteren Ziele zu verfolgen. „Kommt her, ihr Geister aus der Tiefe! Helft mir beim Bau des Tempels!", rief er mit einer Stimme, die sowohl Autorität als auch Verzweiflung ausstrahlte. Die Dämonen, in ihren grotesken Formen, traten aus dem Schatten hervor und boten ihre Dienste an.

In der schummrigen Dämmerung des Tempels, zwischen den ehrfurchtgebietenden Säulen und den kunstvoll verzierten Wänden, die das Licht der Fackeln in schimmernde Schatten verwandelten, trat ein Wesen aus der Dunkelheit hervor. Es war ein Dämon, dessen Erscheinung sowohl faszinierend als auch furchteinflößend war. Seine Augen leuchteten in einem tiefen, durchdringenden Gelb, das wie zwei glühende Kohlen in der Nacht strahlte, und seine schattenhaften Flügel schienen die Luft um ihn herum zu verdunkeln, als ob sie den Raum mit einer ominösen Präsenz füllten.

„Wir werden dir helfen, König Salomo", raunte das Wesen mit einer Stimme, die wie das Flüstern des Windes klang, der durch die Äste eines alten Baumes zieht. Der Klang war hypnotisch, durchdrungen von einer verführerischen Macht, die Salomo in ihren Bann zog. „Doch wisse, dass jede Hilfe ihren Preis hat. Wir verlangen von dir, dass du uns die Seelen der Unschuldigen überlässt, die in diesem Tempel wohnen werden."

In diesem Moment schien die Luft stillzustehen. Salomo, der König, der in seiner Jugend mit der Weisheit und dem Segen Gottes ausgestattet war, spürte, wie sich ein kaltes Grauen in seinem Inneren ausbreitete. Die Worte des Dämons hallten in seinem

Geist wider und schufen ein Bild, das sowohl verlockend als auch erschreckend war. Die Vorstellung, dass die Seelen unschuldiger Menschen, die in den Tempel strömen würden, als Preis für seine Ambitionen gefordert wurden, war ein schrecklicher Pakt, der tief in die Dunkelheit der menschlichen Psyche eindrang.

Salomo war sich der Tragweite dieser Forderung bewusst. Die Unschuldigen, die in den Tempel kommen würden, waren nicht nur Menschen; sie waren Träger von Hoffnungen, Träumen und dem unerschütterlichen Glauben an das Gute. Ihre Seelen waren rein und unberührt von den Schatten der Welt. Diese Menschen suchten im Tempel Trost, Schutz und die Nähe zu Gott. Doch die Vorstellung, dass ihre Reinheit als Währung für seinen Ruhm und seine Macht dienen sollte, war eine grausame Ironie.

Der Dämon, der vor ihm stand, schien Salomos innere Zerrissenheit zu spüren. Mit einem schrecklichen Lächeln, das seine scharfen Zähne offenbarte, fuhr er fort: „König, du bist ein weiser Mann, und du verstehst die Gesetze des Lebens. Der Tempel, den du baust, wird ein Ort des Lichts und der Anbetung sein, doch er wird auch ein Ort der Macht, und Macht hat ihren Preis. Die Seelen der Unschuldigen sind wertvoll. Sie sind der Schlüssel zu einem Erbe, das die Zeiten überdauern wird."

Salomo fühlte, wie sich die Dunkelheit um ihn schloss. In seinem Inneren tobte ein Kampf, der die tiefsten Ängste und Zweifel seiner Menschlichkeit offenbarte.

Von dem Glanz seiner Vision geblendet, willigte er ein und entblößte damit die Schwächen seiner Menschlichkeit. Er war bereit, einen Pakt mit den dunklen Mächten einzugehen, um seine Ambitionen zu verwirklichen. Die Dämonen begannen, in einem wahren Wirbelwind der Energie zu arbeiten, während sie die Steine für den Tempel bearbeiteten und die Mauern errichteten. Ihre Arbeit war schnell und präzise, und bald erhob sich der Tempel majestätisch in den Himmel – ein Zeugnis menschlicher Errungenschaft, das auch die finsteren Geheimnisse der Dämonen barg.

„Sieh, Faust", sprach Mephisto mit einem schadenfrohen Lächeln, „der Tempel wird ein Ort des Glaubens und der Anbetung sein, aber er wird auch ein Gefängnis für die Seelen der Unschuldigen. Die Dämonen, die hier arbeiten, haben ihre eigenen Pläne, und die Menschen werden nie die wahren Kräfte erkennen, die hinter dem Tempel stehen. Der Glanz des Tempels wird die Dunkelheit verbergen, die in seinem Inneren wohnt."

Ich sah, wie die Menschen in Ehrfurcht vor dem neuen Tempel standen, ihre Gebete und Opfergaben dorthin brachten, ohne zu ahnen, dass ihre Hingabe auch die Dunkelheit nährte. Salomo, der König, wurde zum Werkzeug der Mächte, die er nicht vollständig verstand. In seinem Streben nach Größe und Macht hatte er die Schwelle zur Dunkelheit überschritten.

„Der Mensch ist oft sein eigener schlimmster Feind", murmelte Mephisto mit einem schadenfrohen Lächeln. „In seinem Streben nach Ruhm und Anerkennung kann er die Seelen der Unschuldigen opfern, ohne sich der Konsequenzen bewusst zu sein. Der Tempel, der als Ort des Lichts gedacht war, wird zum Symbol der Dunkelheit, die in den Herzen der Menschen lauert."

Mit diesen Worten verblasste die Vision, und ich fand mich in meinem Zimmer wieder, das Licht des Morgens drang durch die Fenster. Doch der Eindruck blieb, die Worte Mephistos hallten in meinem Geist wider: „Der Mensch ist der Schöpfer seiner eigenen Schicksale, und in seinem Streben nach Größe kann er die Dunkelheit entfesseln, die ihn schließlich verzehren wird."

Ich, Dr. Heinrich Faust, war Zeuge einer der ältesten Geschichten der Menschheit geworden, und ich wusste, dass die Lehren aus dem Bau des salomonischen Tempels für alle Zeiten in den Seelen der Menschen weiterleben würden. Der Tempel, der als Ort des Glaubens errichtet wurde, war auch ein Ort der Versuchung, ein Symbol für die ewige Verführung, die in den Herzen der Menschen wohnt. Der Glanz des Tempels, der als strahlendes Zeichen der göttlichen Gnade erbaut wurde, trug in seinem Inneren die Schatten der Dunkelheit, die durch den Pakt mit den Dämonen genährt wurden. Ich fühlte, wie eine tiefe Melancholie in mir aufstieg, während ich über die Tragik dieser Geschichte nachdachte.

Als ich mich in meinem Zimmer wiederfand, war der Morgen bereits angebrochen, und die Sonne schickte ihre ersten Strahlen durch die Fenster. Doch die Schönheit des neuen Tages konnte die Dunkelheit, die ich in der Vision gesehen hatte, nicht vertreiben. Ich war gefangen in den Gedanken über Salomos Entscheidungen und die unheilvollen Konsequenzen, die daraus resultieren würden. Die Worte Mephistos hallten in meinem Geist wider: „Der Mensch ist oft sein eigener schlimmster Feind."

Ich konnte nicht anders, als über die Parallelen zwischen Salomos Geschichte und dem Leben der Menschen in meiner eigenen Zeit nachzudenken. Der Drang nach Ruhm, die Suche nach Macht und die Versuchung, die eigenen Prinzipien zu verraten, um das zu erreichen, was man begehrt – all dies schien zeitlos und universell.

„Wie oft", murmelte ich für mich selbst, „verliert der Mensch sich in seinen Ambitionen, ohne den Preis zu bedenken, den er zahlen muss? Wie oft wird die

Unschuld geopfert, um die eigenen Wünsche zu erfüllen?"

In meinem Inneren regte sich eine tiefe Unruhe. Ich fühlte den Drang, die Lehren dieser Vision weiterzugeben, die Dunkelheit, die ich gesehen hatte, zu entlarven und die Menschen vor den Gefahren ihres eigenen Strebens zu warnen. Doch wie sollte ich dies tun? Wie konnte ich die Wahrheit über die verborgenen Fäden, die das Schicksal der Menschen weben, offenbaren, ohne selbst in die Falle der Dunkelheit zu tappen?

Ich erhob mich von meinem Platz und ging zum Fenster. Die Stadt lag vor mir, ein pulsierendes Leben, das in den Straßen und Gassen tobte. Menschen eilten umher, beschäftigt mit ihren eigenen Sorgen und Ambitionen, ohne zu ahnen, dass sie oft von unsichtbaren Mächten gelenkt wurden. Ich spürte eine tiefe Verbundenheit mit diesen Menschen, doch gleichzeitig auch eine große Distanz. Sie waren gefangen in einem Spiel, dessen Regeln sie nicht kannten.

Die Vision vom Tod

In der Stille der Nacht, als die Schatten der Dunkelheit die Wände meines Zimmers umhüllten, fiel ich in einen tiefen Schlaf. Doch es war kein gewöhnlicher Schlaf, sondern ein Zustand, der mich in die Tiefen meines eigenen Seins führte. Ich war Dr. Heinrich Faust, ein Suchender der Wahrheit, und in dieser Nacht sollte ich mit dem Teufel, Mephisto, konfrontiert werden, der mir eine Vision meines eigenen Todes zeigen würde.

Die Dunkelheit um mich herum begann zu pulsieren, und plötzlich fand ich mich in einem Tunnel wieder. Ein warmes, liebevolles Licht strahlte am Ende des Weges, und ich fühlte mich unwillkürlich zu ihm hingezogen. Das Licht war einladend, es flüsterte mir zu und versprach Frieden und Geborgenheit. Ich spürte, wie alle Sorgen und Ängste von mir abfielen, während ich durch den Tunnel schwebte, als wäre ich in einem Traum gefangen.

Doch inmitten dieser Erfahrung, als ich mich dem Licht näherte, begann ich, meinen eigenen Körper von außen zu beobachten. Ich sah mich selbst auf einem Bett liegen, umgeben von Ärzten und besorgten Gesichtern. Eine tiefe Ruhe erfüllte mich, während ich diese Szene betrachtete. Der Stress und die Angst, die mich oft quälten, schienen in diesem Moment irrelevant zu sein. Ich erlebte eine sonderbare Gelassenheit, als ob ich die Fäden meines Lebens von einer höheren Perspektive aus sehen könnte.

In dieser Vision wurde mir auch das Bild meines Lebens vor Augen geführt. Ich sah entscheidende Momente, die ich als bedeutend erachtete – meine Erfolge, meine Misserfolge, die Menschen, die ich geliebt und die, die ich verloren hatte. Es war ein Lebensrückblick, der nicht nur Erinnerungen, sondern auch die tiefen Emotionen, die mit ihnen verbunden waren, hervorrief. Trauer, Freude, Reue und Liebe – all diese Gefühle überfluteten mich, und ich erkannte, dass jede Entscheidung, die ich getroffen hatte, mich zu dem gemacht hatte, was ich war.

Doch während ich in diesem Licht schwebte, spürte ich auch eine tiefe Verbundenheit mit dem Universum und einer höheren Macht. Es war, als ob ich Teil eines größeren Ganzen war, verbunden mit allen Lebewesen und dem Schicksal der Menschheit. Diese Erkenntnis erfüllte mich mit einem Gefühl von Liebe und Akzeptanz, das ich in meinem Leben oft vermisst hatte.

Plötzlich wurde mir klar, dass ich vor einer Entscheidung stand. Ich könnte in diesem friedlichen, lichtvollen Zustand bleiben oder in meinen Körper zurückkehren. Die Wahl war überwältigend. Ich fühlte die Liebe und den Frieden, die mich umhüllten, und gleichzeitig die Verpflichtung gegenüber den Menschen, die ich zurücklassen würde. Gedanken an meine Familie und die unvollendeten Aufgaben in meinem Leben durchzogen meinen Geist.

„Du musst zurückkehren, Faust", hörte ich eine Stimme, die mir vertraut, aber auch fremd war. Es war Mephisto, der Teufel, der in der Dunkelheit lauerte. „Du hast viel zu lernen, und dein Weg ist noch nicht zu Ende. Doch wisse, dass der Preis für dein Leben hoch sein wird. Die Dunkelheit wird dich verfolgen, wo auch immer du hingehst."

In diesem Moment wurde mir erneut bewusst, dass die Dunkelheit, die ich so oft in meinem Leben gefürchtet hatte, nicht nur eine äußere Bedrohung war, sondern auch in mir selbst wohnte. Die Versuchungen, die mich oft von meinem Weg abbrachten, waren nicht nur die des Teufels, sondern auch die meiner eigenen Schwächen und Fehler. Ich musste die Dunkelheit konfrontieren, um das Licht zu finden.

Als ich schließlich die Entscheidung traf, in meinen Körper zurückzukehren, spürte ich, wie das Licht um mich herum verblasste und ich in die Realität zurückgezogen wurde. Der Schmerz, die Kämpfe und die Herausforderungen, die vor mir lagen, wurden mir bewusst, doch ich fühlte auch eine neue Entschlossenheit in mir aufsteigen. Ich würde die Dunkelheit bekämpfen und den Menschen helfen, das Licht zu finden.

Die Vision hatte mir nicht nur einen Blick in meinen eigenen Tod gewährt, sondern auch in die Möglichkeit eines neuen Lebens. Ich erinnerte mich an die Lehren der Bibel über die Unsterblichkeit der Seele und das Versprechen der Auferstehung. Die Worte Jesu, dass der, der an ihn glaubt, auch wenn er stirbt, leben wird, hallten in meinem Geist wider. Ich wusste, dass der Tod nicht das Ende war, sondern der Beginn eines neuen Lebens in der Gegenwart Gottes.

In den folgenden Tagen war ich geprägt von der Erfahrung, die ich gemacht hatte. Ich spürte, wie sich meine Perspektive auf das Leben veränderte. Die Dinge, die ich einst für wichtig gehalten hatte – Ruhm, Macht, Materialismus – schienen bedeutungslos im Angesicht der tiefen Wahrheit, die ich erkannt hatte. Ich entwickelte eine Abneigung gegen oberflächliche Werte und eine größere Wertschätzung für die Beziehungen und die Spiritualität in meinem Leben.

Exerzitien nach
Dr. Heinrich Faust

Die Exerzitien des Dr. Heinrich Faust basieren auf den "Geistlichen Übungen", die von Ignatius von Loyola, dem Gründer der Jesuiten, entwickelt wurden. Diese Übungen sind ein umfassendes und strukturiertes Programm zur spirituellen Vertiefung.

Meditation über die Dunkelheit und das menschliche Dasein

Einführung durch Dr. Heinrich Faust:

In der unendlichen Weite der menschlichen Erfahrung gibt es einen Raum, der oft gemieden wird – die Dunkelheit. Doch, was wäre das Licht ohne den Schatten? Diese Exerzitien laden dich ein, in die Tiefen deiner eigenen Dunkelheit zu tauchen, um die verborgenen Ängste und Zweifel zu ergründen, die in den Schatten deines Seins lauern. Es ist eine Reise zur Selbstakzeptanz, eine Einladung, die Furcht vor dem Unbekannten zu überwinden und die Ganzheit des menschlichen Daseins zu umarmen.

Betrachtung der Dualität von Licht und Schatten

In der Dunkelheit des menschlichen Daseins liegt eine unermessliche Tiefe, die oft gefürchtet und gemieden wird. Doch wie Mephisto einst sagte: „Die Dunkelheit ist ein Teil des menschlichen Daseins." Diese Exerzitien laden dich ein, dich mit der Dualität von Licht und Schatten auseinanderzusetzen, um die verborgenen Ängste,

Zweifel und die Kraft der Erkenntnis zu entdecken, die in dir schlummert. Dies ist eine Reise zur Selbstakzeptanz und zur Integration aller Teile deiner Existenz.

I. Vorbereitung

a. Der Raum der Stille

Suche dir einen ruhigen Ort, an dem du ungestört bist. Gestalte diesen Raum zu einem sicheren Hafen, in dem du dich wohl und geborgen fühlst. Vielleicht möchtest du Kerzen anzünden oder beruhigende Musik im Hintergrund spielen.

b. Die Haltung des Körpers

Setze dich bequem hin – auf einen Stuhl oder auf den Boden, je nachdem, was dir angenehm ist. Achte darauf, dass dein Rücken aufrecht ist, aber nicht angespannt. Lass deinen Körper zur Ruhe kommen und spüre die Verbindung zu dem Ort, an dem du sitzt.

c. Die Berührung des Atems

Beginne mit einer Atemübung. Atme tief ein und zähle bis vier, halte den Atem für vier Zählzeiten an, und atme dann langsam für acht Zählzeiten aus. Spüre, wie jeder Atemzug dich mehr in die Gegenwart bringt und alle Gedanken und Sorgen

loslässt. Fühle, wie die Ruhe sich in dir aus-
breitet.

II. Meditation über die Dunkelheit und das menschliche Dasein

a. Einstieg in die Reflexion

Schließe nun die Augen. Atme tief ein und stelle dir
vor, dass du in eine sanfte Dunkelheit eintauchst, die
dich umhüllt. Lass diese Dunkelheit sanft in dein Bewusstsein eindringen, ohne Angst, ohne Widerstand.

b. Reflexion über die Dunkelheit

Denke an die Worte: „Die Dunkelheit ist ein Teil des
menschlichen Daseins." Lass diese Gedanken in deinem Geist nachklingen. Was bedeutet diese Dunkelheit für dich? Welche Ängste und Zweifel verbergen
sich in ihrem Schatten? Nimm dir Zeit, um über deine
eigenen Erfahrungen mit der Dunkelheit nachzudenken. Erinnere dich an die Momente, in denen du
verloren oder ängstlich warst.

c. Erkundung der inneren Schatten

Visualisiere, dass du dich in einem sicheren Raum
befindest, einem Ort, an dem du deine inneren
Schatten betrachten kannst. Frage dich: Welche
Eigenschaften oder Gefühle kann ich nicht akzeptieren? Welche Ängste halten mich gefangen? Lass die-

se Schatten in deiner Vorstellung lebendig werden und nimm sie als Teile deiner selbst wahr.

d. Akzeptanz und Integration

Lass die Dunkelheit nicht als deinen Feind erscheinen, sondern erkenne sie als Lehrer. Diese Aspekte deiner selbst sind wertvoll und Teil deiner menschlichen Erfahrung. Visualisiere, wie du diese Schatten sanft umarmst und in dein Leben integrierst. Stelle dir vor, dass du diese Teile von dir selbst annimmst, um ein vollständigeres Bild deiner selbst zu erhalten.

e. Schluss der Meditation

Beende die Meditation, indem du dich auf das Licht konzentrierst, das aus der Akzeptanz deiner Dunkelheit hervorgeht. Atme tief ein und spüre die Erleichterung, die mit der Annahme deiner ganzen Person einhergeht. Öffne langsam die Augen und nimm dir einen Moment Zeit, um wieder in den Raum zurückzukehren.

III. Erkundung der inneren Schatten

Stell dir vor, du befindest dich in einem geschützten Raum, einem Ort, der nur dir gehört. Hier, in diesem Raum, gibt es keine Urteile, keine Ängste, nur die Stille, die dir ermöglicht, in die Tiefen deiner Seele einzutauchen. Die

Wände sind sanft beleuchtet, und der Raum ist erfüllt von einem beruhigenden Duft, der dir das Gefühl von Sicherheit und Geborgenheit gibt.

Nimm dir einen Moment Zeit, um zur Ruhe zu kommen. Schließe die Augen und atme tief ein. Fühle, wie der Atem deinen Körper durchströmt. Mit jedem tiefen Atemzug lässt du Spannungen und Sorgen los, während du dich mehr und mehr in diesen geschützten Raum zurückziehst. Hier bist nur du selbst, ohne äußere Einflüsse.

Jetzt, in dieser Stille, beginne, dich mit den Schatten deiner Seele auseinanderzusetzen. Frage dich: Welche Eigenschaften oder Gefühle kann ich nicht akzeptieren? Welche Ängste halten mich gefangen? Lass diese Schatten in deiner Vorstellung lebendig werden. Visualisiere sie als Gestalten oder Farben, die in deinem inneren Raum erscheinen. Vielleicht siehst du eine dunkle Wolke, die über dir schwebt, oder eine verzerrte Gestalt, die im Schatten lauert.

Nimm dir Zeit, um diese Bilder zu erkunden. Erinnere dich an Momente in deinem Leben, in denen du von Neid ergriffen wurdest. Vielleicht hast du das Gefühl, dass andere mehr Liebe, Erfolg oder Glück erfahren als du selbst. Lass diesen Neid in deiner Vorstellung lebendig werden und frage dich: Was zeigt er mir über meine eigenen Wünsche und Sehnsüchte? Welche unerfüllten Bedürfnisse stecken dahinter?

Wenn die Angst in dir aufsteigt, stelle dir vor, wie sie sich als kalte, erstickende Präsenz anfühlt. Denke an Situationen, in denen du dich verletzlich oder bedroht gefühlt hast. Lass die Angst zu dir kommen, nimm sie wahr, ohne sie zu verdrängen. Was hat diese Angst in deinem Leben bewirkt? Hat sie dich zurückgehalten oder dir vielleicht auch geholfen, vorsichtiger zu sein?

Und dann gibt es die Wut. Visualisiere sie als loderndes Feuer oder einen Sturm, der in dir tobt. Denke an die Momente, in denen du wütend warst – vielleicht über Ungerechtigkeit, Enttäuschung oder das Gefühl, nicht gehört zu werden. Lass diese Wut zu, erkenne sie an, und frage dich: Was steckt hinter dieser Wut? Was möchte sie dir sagen?

In diesem geschützten Raum ist es wichtig, dass du die Dunkelheit nicht als Feind siehst. Diese inneren Dämonen sind Teile deiner selbst, die oft übersehen oder unterdrückt werden. Sie sind nicht nur negative Aspekte, sondern auch Lehrer, die dir wertvolle Einsichten über dein Leben und deine Bedürfnisse geben können.

Visualisiere nun, wie du diese Schatten umarmst. Stelle dir vor, dass du sie sanft in deinen Armen hältst, als wären sie verletzliche, ängstliche Kinder, die Trost und Verständnis brauchen. Sage zu ihnen: „Ich erkenne euch an, ich akzeptiere euch." Lass die Dunkelheit und die Schatten in dein Leben integrieren.

Fühle, wie sich etwas in dir verändert, während du diese Teile von dir selbst annimmst. Es ist eine Erleichterung, die mit der Akzeptanz deiner ganzen Person einhergeht. Du bist nicht nur Licht, sondern auch Schatten. Und in dieser Dualität liegt die Schönheit des menschlichen Daseins.

Beende die Meditation, indem du dich auf das Licht konzentrierst, das aus der Akzeptanz deiner Dunkelheit hervorgeht. Dieses Licht ist das Verständnis, das du gewonnen hast, und die Stärke, die du in dir trägst. Atme tief ein und öffne langsam die Augen. Nimm dir einen Moment Zeit, um wieder in die Gegenwart zurückzukehren, und fühle die Veränderung, die in dir stattgefunden hat. Du bist bereit, deine inneren

Dämonen zu akzeptieren und die Reise zu deinem wahren Selbst fortzusetzen.

Unterscheidung der Geister

In der Dunkelheit der menschlichen Seele wohnen viele Geister, die uns sowohl führen als auch verführen können. In diesen Exerzitien lade ich dich ein, dich mit deinen eigenen inneren Dämonen auseinanderzusetzen und die Versuchungen zu erkennen, die in der menschlichen Natur wohnen. Wir werden die Verhaltensweisen identifizieren, die von Neid, Angst oder Wut geprägt sind, und lernen, wie wir diese Schattenseiten annehmen und integrieren können.

I. Vorbereitung

a. Der Raum der Stille

Suche dir einen Ort, an dem die Welt still ist und der Lärm des Alltags nicht eindringen kann. Gestalte diesen Raum zu einem sicheren Hafen, in dem du dich wohl und geborgen fühlst. Vielleicht möchtest du Kerzen anzünden oder beruhigende Musik im Hintergrund spielen.

b. Die Haltung des Körpers

Setze dich bequem hin, sei es auf einem Stuhl oder auf dem Boden. Wähle eine Position, die dir Geborgenheit und Stabilität schenkt. Lass deinen Körper zur Ruhe kommen und spüre die Verbindung zu dem Ort, an dem du sitzt.

c. Die Berührung des Atems

Beginne mit einer Atemübung. Atme tief ein und zähle bis vier, halte den Atem für vier Zählzeiten an, und atme dann langsam für acht Zählzeiten aus. Spüre, wie jeder Atemzug dich mehr in die Gegenwart bringt und alle Gedanken und Sorgen loslässt.

II. Meditation über die Dunkelheit und die inneren Dämonen

a. Einstieg in die Reflexion

Schließe nun die Augen. Atme tief ein und stelle dir vor, dass du in eine sanfte Dunkelheit eintauchst, die dich umhüllt. Lass diese Dunkelheit sanft in dein Bewusstsein eindringen, ohne Angst, ohne Widerstand.

b. Reflexion über die Dunkelheit

Denke an die Worte: „Die Dunkelheit ist ein Teil des menschlichen Daseins." Lass diese Gedanken in deinem Geist nachklingen. Was bedeutet diese Dunkelheit für dich? Welche Ängste und Zweifel verbergen sich in ihrem Schatten? Nimm dir Zeit, um über deine eigenen Erfahrungen mit der Dunkelheit nachzudenken. Erinnere dich an die Momente, in denen du verloren oder ängstlich warst.

c. Erkundung der inneren Dämonen

Visualisiere, dass du dich in einem sicheren Raum befindest, einem Ort, an dem du deine inneren Dämonen betrachten kannst. Frage dich: Welche Verhaltensweisen oder Gefühle sind von Neid, Angst oder Wut geprägt? Lass diese Schatten in deiner Vorstellung lebendig werden und nimm sie als Teile deiner selbst wahr.

d. Akzeptanz und Integration

Lass die Dunkelheit nicht als deinen Feind erscheinen, sondern erkenne sie als Lehrer. Diese Aspekte deiner selbst sind wertvoll und Teil deiner menschlichen Erfahrung. Visualisiere, wie du diese Dämonen annimmst und in dein Leben integrierst. Stelle dir vor, dass du diese Teile von dir selbst annimmst, um ein vollständigeres Bild deiner selbst zu erhalten.

e. Schluss der Meditation

Beende die Meditation, indem du dich auf das Licht konzentrierst, das aus der Akzeptanz deiner Dunkelheit hervorgeht. Atme tief ein und spüre die Erleichterung, die mit der Annahme deiner ganzen Person einhergeht. Öffne langsam die Augen und nimm dir einen Moment Zeit, um wieder in den Raum zurückzukehren.

III. Erkundung der inneren Dämonen

Stell dir vor, du befindest dich in einem geschützten Raum, einem Rückzugsort, der nur dir gehört. Hier ist es still, und die Luft ist erfüllt von einem sanften, beruhigenden Duft, der dir das Gefühl von Sicherheit und Geborgenheit gibt. Dieser Raum ist ein Ort der Reflexion, an dem du deine inneren Dämonen ungestört betrachten kannst.

Nimm dir einen Moment Zeit, um zur Ruhe zu kommen. Schließe die Augen und atme tief ein. Fühle, wie der Atem deinen Körper durchströmt, und lass dabei alle Spannungen und Sorgen los. In diesem geschützten Raum bist du nur du selbst, ohne Urteil oder Angst.

Nun beginne, dich mit den Schatten deiner Seele auseinanderzusetzen. Frage dich: Welche Verhaltensweisen oder Gefühle sind in mir von Neid, Angst oder Wut geprägt? Lass diese Emotionen in deinem Geist lebendig werden. Visualisiere sie als Gestalten oder Farben, die in deinem inneren Raum erscheinen. Vielleicht siehst du eine dunkle Wolke, die über dir schwebt, oder eine verzerrte Gestalt, die im Schatten lauert. Nimm dir Zeit, um diese Bilder zu erkunden.

Erinnere dich an Momente in deinem Leben, in denen du von Neid ergriffen wurdest. Vielleicht hast du das Gefühl, dass andere mehr Liebe, Erfolg oder Glück erfahren als du selbst. Lass diesen Neid in deiner Vorstellung lebendig werden. Was zeigt er dir über deine eigenen Wünsche und Sehnsüchte? Welche unerfüllten Bedürfnisse stecken dahinter?

Wenn du die Angst in dir fühlst, stelle dir vor, wie sie sich als kalte, erstickende Präsenz anfühlt. Erinnere dich an Situationen, in denen du dich verletzlich oder bedroht gefühlt hast. Lass die Angst zu dir kommen und nimm sie wahr, ohne sie zu verdrängen. Was hat diese Angst in deinem Leben bewirkt? Hat sie dich zurückgehalten oder dir vielleicht auch geholfen, vorsichtiger zu sein?

Und dann gibt es die Wut. Visualisiere sie als loderndes Feuer oder einen Sturm, der in dir tobt. Denke an die Momente, in denen du wütend warst – vielleicht über Ungerechtigkeit, Enttäuschung oder das Gefühl, nicht gehört zu werden. Lass diese Wut zu, erkenne sie an, und frage dich: Was steckt hinter dieser Wut? Was möchte sie dir sagen?

In diesem geschützten Raum ist es wichtig, dass du die Dunkelheit nicht als Feind siehst. Diese inneren Dämonen sind Teile deiner selbst, die oft übersehen oder unterdrückt werden. Sie sind nicht nur negative Aspekte, sondern auch Lehrer, die dir wertvolle Einsichten über dein Leben und deine Bedürfnisse geben können.

Visualisiere nun, wie du diese Schatten umarmst. Stelle dir vor, dass du sie sanft in deinen Armen hältst, als wären sie verletzliche, ängstliche Kinder, die Trost und Verständnis brauchen. Sage zu ihnen: „Ich erkenne euch an, ich akzeptiere euch." Lass die Dunkelheit und die Schatten in dein Leben integrieren.

Fühle, wie sich etwas in dir verändert, während du diese Teile von dir selbst annimmst. Es ist eine Erleichterung, die mit der Akzeptanz deiner ganzen Person einhergeht. Du bist nicht nur Licht, sondern auch Schatten. Und in dieser Dualität liegt die Schönheit des menschlichen Daseins.

Beende die Meditation, indem du dich auf das Licht konzentrierst, das aus der Akzeptanz deiner Dunkelheit hervorgeht. Dieses Licht ist das Verständnis, das du gewonnen hast, und die Stärke, die du in dir trägst. Atme tief ein und öffne langsam die Augen. Nimm dir einen Moment Zeit, um wieder in die Gegenwart zurückzukehren, und fühle die Veränderung, die in dir stattgefunden hat. Du bist bereit, deine inneren Dämonen zu akzeptieren und die Reise zu deinem wahren Selbst fortzusetzen.

Vision von Mendes – Sexualität und Verantwortung

In der Dämmerung eines schimmernden Abends, als die Welt in sanfte Farben getaucht war und der Himmel in einem warmen Gold erstrahlte, saß Dr. Heinrich Faust in seinem Studierzimmer. Die Wände waren mit alten Büchern und mystischen Schriften bedeckt, und der Duft von Kerzenrauch mischte sich mit dem Hauch von frischer Tinte. Der Geist des Gelehrten war unruhig, getrieben von Fragen, die ihn seit langem beschäftigten und die ihn in die Abgründe seiner eigenen Seele führten.

Eines Nachts, während er in seinen Aufzeichnungen blätterte, erblickte er eine Passage, die ihn in ihren Bann zog – die Vision von Mendes. Diese Vision war nicht nur eine Erzählung, sondern ein tiefgründiges Symbol für die komplexe Natur der Sexualität und die Verantwortung, die damit einhergeht. Sie war ein Schlüssel, der die Tür zu einem unbekannten Raum öffnete, einem Raum, in dem Lust und Verantwortung in einem ewigen Tanz miteinander verwoben waren.

a) Lust: Eine kraftvolle Energie

Faust dachte über die Worte nach, die er gelesen hatte. Lust, so wurde ihm klar, war eine mächtige und oft überwältigende Energie. Sie konnte ihn in Höhen der Freude und des Genusses tragen, gleichzeitig aber auch in Abgründe der Verwirrung und des Konflikts führen. In der Vision von Mendes offenbarte sich ihm, dass Sexualität weit mehr war als nur ein physischer Akt; sie hatte eine tiefere, spirituelle Dimension.

„Wie kann es sein", murmelte Faust, „dass ein so grundlegendes Bedürfnis so viele Facetten hat? Sie verbindet uns nicht nur mit unserem eigenen Körper, sondern auch mit dem Göttlichen, der Natur und den anderen Menschen. Doch mit dieser Verbindung kommt auch die Verantwortung."

b) Verantwortung: Der Schatten der Lust

Die Gedanken des Gelehrten wanderten zu den Fragen, die in seinem Inneren aufstiegen. „Wie gehe ich mit meinen Wünschen um? Welche Verantwortung trage ich für meine Handlungen?" Diese Fragen waren nicht leicht zu beantworten, denn Verantwortung bedeutete, die Konsequenzen seines Handelns zu erkennen und zu akzeptieren. Es bedeutete, die Auswirkungen auf sich selbst und auf andere zu bedenken.

Die Vorstellung, dass Sexualität sowohl Schöpfung als auch Zerstörung sein konnte, ließ Faust innehalten. „Es liegt in meiner Verantwortung", dachte er, „diese Kräfte weise zu nutzen. Wie oft habe ich meine Wünsche unbedacht ausgelebt, ohne die Konsequenzen zu bedenken?"

c) Selbstreflexion: Die Suche nach Balance

In der Stille seines Zimmers begann Faust, sich mit seiner eigenen Sexualität auseinanderzusetzen. Er stellte sich die Fragen, die ihn in die Tiefe seiner Seele führten:

Wie gehe ich mit meinen Wünschen um?

- Er erkannte, dass es wichtig war, seine Wünsche in einem gesunden und respektvollen Rahmen auszuleben. Die Fähigkeit, Bedürfnisse zu kommunizieren und dabei die Grenzen anderer zu respektieren, war entscheidend. War er sich der Auswirkungen seiner Entscheidungen auf sein eigenes Wohlbefinden und das anderer bewusst?

Welche Verantwortung trage ich für meine Handlungen?

- Faust wusste, dass Verantwortung auch bedeutete, die Konsequenzen seiner sexuellen Handlungen zu erkennen. Er dachte an die emotionalen, physischen und sozialen Auswirkungen, die seine Entscheidungen auf andere Menschen haben könnten. Trug er dazu bei, Beziehungen zu fördern oder zu schädigen?

Wie kann ich die Balance zwischen Lust und Verantwortung finden?

- Die Suche nach dieser Balance erforderte Selbstreflexion und Achtsamkeit. Es ging darum, seine eigene Sexualität nicht nur als ein Verlangen zu betrachten, sondern als einen Ausdruck von Liebe, Respekt und Verbindung. Die eigene Lust als Teil eines größeren Ganzen zu sehen, das auch die Bedürfnisse und Wünsche anderer umfasste, war eine Herausforderung, die er annehmen wollte.

d) Der Weg zur Selbstverwirklichung

Während der Nacht, in der er in den Tiefen seiner Gedanken versunken war, erkannte Faust, dass die Vision von Mendes ihn lehrte, dass Sexualität eine tiefgreifende Macht besaß, die sowohl Licht als auch Schatten in sich trug. Um diese Kraft zu nutzen, musste er die Verantwortung übernehmen, die damit einherging. Es war eine Einladung, seine innersten Wünsche zu erkunden und die Dunkelheit, die in ihm wohnte, nicht zu fürchten, sondern als Teil seiner menschlichen Natur zu akzeptieren.

„Indem ich mich mit meinen Wünschen auseinandersetze und die Verantwortung für meine Handlungen übernehme", flüsterte er, „kann ich die Schönheit und die Komplexität meiner Sexualität in vollem Umfang erleben. Ich werde die Dunkelheit nicht nur akzeptieren, sondern auch als Lehrer sehen, die mich auf meinem Weg zur Selbstverwirklichung begleiten."

e) Ein Aufruf zur Reflexion

Mit diesem Gedanken schloss Faust seine Augen und atmete tief ein. Er wusste, dass er nicht allein war in seiner Suche nach der Balance zwischen Lust und Verantwortung. Jeder Mensch trug diese Fragen in sich, und er wollte andere dazu einladen, darüber nachzudenken. „Was kannst du tun, um in Einklang mit dir selbst und anderen zu leben? Welche Schritte kannst du unternehmen, um die Balance zwischen Lust und Verantwortung zu finden?"

Reflexion über die Geschichte von Kain und Abel

In der Dämmerung eines schimmernden Abends, saß ich, Dr. Heinrich Faust, in meinem Studierzimmer. Umgeben von alten, vergilbten Büchern und mystischen Schriften, fühlte ich mich gefangen in einem Sturm aus Gedanken und Fragen. Die Dunkelheit, die mich oft umhüllte, schien mir wie ein alter Freund, während ich in die Abgründe meiner eigenen Seele blickte.

Eines Nachts, während ich in meinen Aufzeichnungen blätterte, stieß ich auf die Geschichte von Kain und Abel – nicht nur eine alte Erzählung, sondern ein zeitloses Lehrstück über Neid, Rivalität und die Konsequenzen unserer Handlungen. Diese Geschichte, die in der Bibel festgehalten ist, wurde für mich zu einem Spiegel meiner eigenen inneren Konflikte.

Kain und Abel, die beiden Söhne Adams und Evas, standen für zwei unterschiedliche Ansätze zum Leben und zur Beziehung zu Gott. Kain, der Ackerbauer, war frustriert über die Gunst, die Abel, der Schafhirte, von Gott erhielt. Diese Gunst, die Abel durch sein Opfer erfuhr, weckte in Kain einen tiefen Neid, der schließlich zur

Rivalität zwischen den Brüdern führte und in einer tragischen Tat kulminierte – dem Mord an Abel.

Ich konnte den Schmerz und die Verzweiflung spü-ren, die Kain durchlebte. Neid ist ein starkes und oft destruktives Gefühl, das uns dazu bringt, uns mit anderen zu vergleichen und uns minderwertig zu fühlen. Ich fragte mich: Wie oft hatte ich in meinem eigenen Leben ähnliche Gefühle erlebt? Hatte ich Geschwister oder Rivalen, deren Erfolge mich ärgerten oder verunsicherten? Welche Ängste steckten hinter diesen Gefühlen?

Die Handlung Kains hat weitreichende Konsequenzen. Nachdem er Abel ermordet hatte, wird er von Gott verflucht und muss als Ausgestoßener leben. Diese Strafe ist nicht nur physisch, sondern auch seelisch: Kain wird von der Gemeinschaft isoliert und trägt die Last seiner eigenen Taten. Es wurde mir klar, dass auch ich, in Momenten des Zorns oder der Eifersucht, Entscheidungen getroffen hatte, die ich später bereute. Jedes Handeln, ob aus Neid oder Wut geboren, hat langfristige Auswirkungen auf mein Leben und das Leben anderer Menschen.

Ich begann, über meine eigenen Beziehungen nachzudenken. Wie stand es um meine Geschwister oder Rivalen? Gab es Ängste oder Konflikte, die zwischen uns bestanden? Fühlte ich mich manchmal von den Erfolgen anderer bedroht? Diese Fragen führten mich zu einer tiefen Reflexion über die Rivalitäten, die aus einem Bedürfnis nach Anerkennung und Liebe resultieren. Wie konnte ich diese Rivalitäten in etwas Positives umwandeln?

Die Geschichte von Kain und Abel ist eine Einladung, sich mit den eigenen inneren Dämonen auseinander-zusetzen. Sie fordert mich auf, den Neid und die Rivalität in mir zu erkennen und zu verstehen, dass diese Gefühle nicht nur destruktiv sind, sondern auch eine Quelle für persönliches Wachstum und Transformation sein können. Indem ich mich mit meinen eigenen Ängsten und Konflikten auseinandersetze, kann ich lernen, Verantwortung für meine Handlungen zu übernehmen und die Beziehungen zu meinen Geschwistern oder Rivalen zu heilen.

Ich stellte mir die Frage: Wie kann ich die Dunkelheit, die in der Rivalität und im Neid lauert, als Lehrer annehmen? Welche Schritte kann ich unternehmen, um in Einklang mit mir selbst und anderen zu leben? In der Erkenntnis der Dualität von Licht und Schatten finde ich die Möglichkeit, die Schönheit und Kom-plexität meiner Beziehungen zu erkennen und zu schätzen.

Die Geschichte von Kain und Abel wird zu einer Inspiration für meine eigene Reise zur Selbstakzeptanz und zum Verständnis der menschlichen Natur. Sie lehrt mich, dass in jedem von uns ein innerer Kampf tobt, der oft von Neid und Rivalität geprägt ist. Doch in diesem Kampf liegt die Chance zur Transformation und zur Entfaltung des eigenen Potenzials.

So sitze ich hier, in der Stille der Nacht, und fühle die Wellen der Erkenntnis, die durch mein Wesen strömen. Die Worte, die ich aufgeschrieben habe, sind mehr als nur Erinnerungen an alte Geschichten; sie sind der Schlüssel zu meinem eigenen Verständnis von Licht und Dunkelheit, von Lust und Verantwortung. Und ich weiß, dass ich, wie Kain und Abel, an der Schwelle einer Entscheidung stehe – eine Entscheidung, die mein Leben für immer verändern könnte.